W0014424

Zu Gast in Amerika …

MARGOT KÄSSMANN

Zu Gast in Amerika …

edition chrismon

Margot Käßmann: **Zu Gast in Amerika**

INHALT

TAGEBUCH

ANHANG

Margot Käßmann: Zu Gast in Amerika

VORWORT

Alle zehn Jahre schenkt die hannoversche Landeskirche einem Pfarrer oder einer Pfarrerin ein dreimonatiges „Kontaktstudium", eine Zeit zum Luft holen vom Alltag in der Gemeinde, zum Wiederanknüpfen an die Theologie, zum Lesen und Lernen. In der Regel findet das an der Universität in Göttingen statt, der hannoverschen „Hausfakultät" sozusagen. Ausnahmen sind aber möglich. Am 20. Oktober 2010 konnte ich mein 25-jähriges Ordinationsjubiläum feiern. In den Genuss eines solchen „Sabbatical" aber kam ich bisher nicht, immer sprach gerade irgendetwas dagegen: die Kinder, der Beruf...

Einige Tage nach meinem Rücktritt als Landesbischöfin und Ratsvorsitzende der Evangelischen Kirche in Deutschland rief mich die Dekanin der Candler Faculty of Theology an der Emory University in Atlanta an. Ich kenne Dr. Janice Love seit 1983, als wir beide Delegierte zur Vollversammlung des Ökumenischen Rates der Kirchen in Vancouver waren. Sie lud mich herzlich ein, das Herbstsemester bei ihr an der Fakultät zu verbringen. Nach kurzem Zögern habe ich angenommen.

Und ich habe es nicht bereut. Kannte ich Emory schon von einer Konferenz 2004 und einer Vortragseinladung 2007, so war dies noch einmal eine ganz andere Erfahrung. Zum einen habe ich als „ältere Dame" in einem Studentenwohnheim gewohnt.

Das gab spannende Begegnungen und überraschende Kontakte zu jungen Leuten. Vor allem bei mir auf dem Flur konnte ich miterleben, wie groß der Erfolgsdruck ist, unter dem sie stehen. Die Familien investieren viel in ihre Ausbildung, verschulden sich oft. Wehe, wenn dann eine Klausur daneben geht.

An der theologischen Candler Fakultät und auch an anderen Fakultäten konnte ich „frei schwebend" die unterschiedlichsten Seminare und Vorlesungen ganz nach Interesse besuchen, habe selbst Vorträge und Gottesdienste gehalten – eine vielfältige Erfahrung. Zudem habe ich viele Einladungen zu Vorträgen wahrnehmen können, nach San Diego, Dallas, Charlotte, New York und Harvard, und so noch einmal neu Eindrücke von einem Land gesammelt, das ich zum letzten Mal in einem Schuljahr in Connecticut 1974/75 so intensiv wahrnehmen konnte.

chrismon, das evangelische Monatsmagazin, zu dessen Herausgeberkreis ich gehöre, hatte mich gebeten, Tagebuch zu führen, einen Teil davon als knappe Blog-Beiträge „Notizen aus Übersee" auf evangelisch.de zu veröffentlichen und am Ende meines USA-Aufenthaltes erweitert als Buch herauszugeben. Das habe ich gern getan, zum einen als Erinnerung für mich selbst, zum anderen aber auch für diejenigen, die fragen: „Wie war es in den USA, Frau Käßmann?"

Dabei ist ganz klar: Das sind begrenzte Eindrücke. Kein Mensch kann ein Land wirklich begreifen in dreieinhalb Monaten. Das Tagebuch ist auch keine theologische Abhandlung. Die Inhalte von Seminaren und Vorlesungen treten in den Hintergrund gegenüber subjektiven Wahrnehmungen und persönlich Erlebtem – das ist der Charakter eines Tagebuches. Fast alle namentlich Erwähnten konnte ich vor Veröffentlichung um Zustimmung bitten.

Für mich war die Zeit in Atlanta eine wunderbare Chance der Horizonterweiterung. Und es war auch gut, etwas Abstand zu gewinnen von meinen Ämtern als Landesbischöfin und Ratsvorsitzende. Inzwischen sind meine Nachfolger in beiden Ämtern gewählt, denen ich von Herzen Gottes Segen wünsche. Dank sei an dieser Stelle der hannoverschen Landeskirche ausgesprochen, die durch ihre Regelung eines Kontaktstudiums solche Erfahrungen möglich macht.

Atlanta, im Dezember 2010

Margot Käßmann: **Zu Gast in Amerika**

TAGEBUCH

Samstag, 28. August

Der Anfang

Eigentlich wollte ich diese Reise nach aller Hektik von Abschied und Umzug ganz ruhig beginnen. Eine Freundin brachte mich sehr früh zum Flughafen, weil wir nach dem Einchecken noch gemütlich miteinander frühstücken wollten. Aber es gab sofort Stress am Samstagmorgen: Der Zubringerflug von Hannover nach Frankfurt fiel aus – unwetterbedingt. Seufz! Also wurde ich über München und Charlotte nach Atlanta umgeleitet. Das ging schnell und effizient – tolles freundliches Lufthansateam, ein Dank nach Hannover! Etwas ermattet kam ich früh morgens mit drei Stunden Verspätung in Atlanta an. Vor Bezug des kleinen Studenten-Apartments musste erst mal die Küche aufgefüllt werden mit allem, was der Mensch so braucht. Und US-Supermärkte haben rund um die Uhr geöffnet ...

Chrismon hat mich gebeten, ein Amerika-Tagebuch zu führen. Ein Teil davon gebe ich als Notizen aus Übersee in einen Blog auf evangelisch.de. Das ist eine gute Idee, finde ich. So habe ich mich entschlossen, jeden Tag zumindest eine kleine Notiz zu machen über etwas, das mir aufgefallen ist, sei es mit Blick auf Religion oder auch einfach der Blick von außen in einem anderen Kontext. Es wurde zu einem kleinen Ritual, morgens nach dem Aufstehen zu notieren, was gestern war. Dabei hatte ich vom Schreibtisch aus einen wunderbaren Blick ins Grüne und konnte zuschauen, wie die Blätter sich langsam bunt färbten und schließlich fielen.

Im Studentenwohnheim bin ich wohl die Älteste. Es ist ein ungewöhnliches Gefühl unter lauter jungen Leuten zu leben, die so alt sind wie meine Kinder. Alle sind ziemlich aufgeregt zu Beginn des

Semesters. Die Undergraduates müssen auf dem Campus wohnen, hier im Wohnheim sind also nur Graduates und damit zwanzigjährig und älter. Das Wohnheim ist außergewöhnlich. Erst hatte ich ja etwas Bedenken, aber hier ist alles absolut praktisch bedacht. In jeder Wohneinheit gibt es eine Waschmaschine, Trockner, eine komplett eingerichtete Küche inklusive Geschirrspüler. Die Candler-Fakultät hat hier zwei Wohnungen für Gäste auf Dauer gemietet. Das ist schon ziemlich luxuriös für Studierende, finde ich, wenn ich so an die klitzekleinen Zimmer meiner Studienzeit denke.

Als ich dann das Angebot für eine Campus Nanny las, dachte ich, da würden sich einige das Taschengeld aufbessern. Weit gefehlt: Es dreht sich um „affordable housekeeping and laundry services for the busy lifestyles of college students"! Du lieber Himmel, so groß sind die Zimmer nun auch wieder nicht!

Auffällig ist aus europäischer Sicht und gerade angesichts der Sarrazindebatte in Deutschland, wie vielfältig die Kulturen sind. Jedes Gesicht zeigt andere Züge aus Afrika, Asien, Europa, Lateinamerika. Was wäre da ein typischer Amerikaner? Die Mädchen gehen zum Teil extrem leicht bekleidet, Shorts und Top, das würde bei uns an der Uni wohl kaum jemand tun. Andere geben sich elegant, wieder andere tragen Kopftuch. Was ist da eine typische Amerikanerin? Wer will denn in Deutschland definieren, was und wie ein Deutscher ist oder eine Deutsche? Herr Sarrazin hätte es schwer, hier zu sagen, wer „wir" sind und wer „die"...

Das Universitätsgelände ist riesig, eine Stadt in sich. Da der öffentliche Busverkehr so schlecht funktioniert, hat die Universität drei Buslinien eingerichtet, die zentrale Wohngebäude und Universität abfahren. Das macht das Leben einfach.

Sonntag, 29. August

Religion im Fernsehen

Das Fernsehen ist voll von Religion, fast jeder Sender bringt etwas in irgendeiner Weise Religiöses. Im Zentrum stehen in der Regel lange, emotionale, fordernde, warnende Predigten. Am meisten irritiert mich Joel Osteen (www.joelosteen.com). Er wirkt smart, hat gegelte Haare und sieht extrem erfolgreich aus. Und er erzählt von einem Farmer, der eine gigantische Ernte einfährt – anders als seine Nachbarn –, weil er gesegnet ist wie Abraham. Der war ja auch reich und erfolgreich, weil er geglaubt hat. „Mit Gott kannst du eine Wüste zum Blühen bringen!" Du kannst reich werden trotz widriger Umstände. Eine Frau hat in diesen ökonomisch schweren Zeiten mehr Kunden als alle anderen in der Firma – weil sie Gottes Geboten folgt. Deshalb sollten Firmen froh sein, wenn sie Christen als Angestellte haben. „Wenn du glaubst, ist Wachstum möglich, auch wenn die Wirtschaft am Boden liegt." „Gott will nicht, dass wir nur überleben, Gott will, dass wir Erfolg haben", ruft er seiner Gemeinde zu.

Zwischendurch werden Bücher eingeblendet, die bestellt werden können. Und dann erzählt er, wie er seiner Tochter ein neues Handy kaufen will. Am Ende verlässt er den Laden mit drei neuen Handys für Tochter, Sohn und Frau und hat nur eins bezahlt – ein Zeichen von Gottes Segen. Eine Erfolgsmentalität sollen Christen entwickeln. Lepra in der Bibel sei ja auch immer eher eine innere Krankheit gewesen. Wir sollen uns innerlich wandeln, dann werden wir äußerlich erfolgreich …

Das ist eine Theologie, die ich überhaupt nicht nachvollziehen kann! Beim Herumzappen durch die Kanäle ist jede Menge Religion zu finden, unvorstellbar bei uns in Deutschland. Da ist ein Comic-Programm für Kinder. Du kannst „Gods Design for Marriage" gucken (www.winningwalk.org) mit biblischen Weisungen für gelingende Ehen. Dazwischen gibt es Werbung für silberne Kreuze und Reisen nach Israel. Ein Bischof, dessen Name nur ganz kurz eingeblendet wird, sagt, wie Wunder geschehen („30 years of miracles"). Und in „WHSG-TV" wird erklärt, dass du dieses Programm nicht verpassen darfst, denn es wird dein Leben verändern. In einem anderen Programm wird für dich gebetet, wenn du anrufst („A miracle for you"). Geld verdienen, mehr haben, das alles ist Teil der Botschaft, die angeblich biblisch ist. Eine Frau tritt mit ihrem Trainer (www.empoweringyourlife.org) auf, sie erklärt, wie der Körper fit bleibt, wenn du an Gott glaubst, und so kannst du abnehmen. Überhaupt ist Übergewicht bei US-Amerikanern ein großes Thema. Ich habe Mühe, das mit dem gekreuzigten Christus zusammenzudenken. Aber ich will nicht zu schnell urteilen. Heute ist erst der zweite Tag, aber deutlich wird schon jetzt: Religion ist auf ganz andere Weise Teil des öffentlichen Lebens ...

Montag, 30. August

Semesterbeginn

Semestereröffnungsgottesdienst: Ein Lehrstuhl, „The Hankey Chair", wird neu besetzt, der Professor eingeführt. Dr. Daniel D. und Lillian Hankey, engagierte Mitglieder der methodistischen Kirche, haben 2,5 Millionen Dollar gespendet und vom Zinsertrag kann nun auf Dauer ein Professor Weltmission lehren. Sponsoring ist ein ganz zentrales Thema, über Geld wird oft und offen gesprochen. Die Dekanin der Fakultät sagt mir, sie brauche dringend 23 Millionen Dollar, um einen asbestverseuchten Teil der Fakultät abzureißen und neu aufzubauen. Sie habe jetzt Kontakt zu einem Milliardär und hoffe, er werde sich engagieren. Die Lehrstühle und Gebäude heißen oft nach Menschen, die sie finanzieren oder finanziert haben.

Die Predigt im Eröffnungsgottesdienst hält E. Brooks Holifield, „Charles Howard Candler Professor of American Church History". Eigentlich ist es keine Predigt und er sagt das auf humorvolle Weise auch. Er fragt, warum die Amerikaner (angeblich) religiöser seien als die Europäer. Eine These nach der anderen stellt er in den Raum („weil Nation und Religion eins sind", „weil ...") und verwirft sie („gab es alles in Europa auch"...). Unter anderem erklärt er, dass 40 Prozent der Amerikaner bei Umfragen sagen, jede Woche in die Kirche, Synagoge, Moschee oder den Tempel zu gehen, in Europa behaupten das fünf bis acht Prozent – allerdings sei die Wahrheit, dass es in Amerika nur 20 Prozent tun! Nun denn, genau darüber werde er in seinem letzten Dienstjahr forschen, ich bin gespannt. Wer immer Antworten habe, er sei interessiert. Das ist sehr anregend, die Studierenden und die Professoren hängen an seinen Lippen. Letztere sind alle in imposanten Roben gekommen – bei 32 Grad! Jede Robe steht in ihrer Farbenfröhlichkeit für die Universität, an der ihre Träger den Abschluss gemacht haben.

Ich erfahre, dass Professoren regelmäßig in kleiner Fakultätsrunde ihre Forschungsergebnisse vorstellen oder einfach nur erzählen, woran sie gerade arbeiten. Das ist anregend, horizonterweiternd und ich werde es nutzen!

Die ersten Tage sind nur so verflogen …

Donnerstag, 2. September

… Morgens schaue ich zuerst in die E-Mails, in Deutschland ist es schon mittags. Dann gehe ich joggen, frühstücke und mache mich auf den Weg zur Universität. Ein wenig antizyklisch ist das schon.

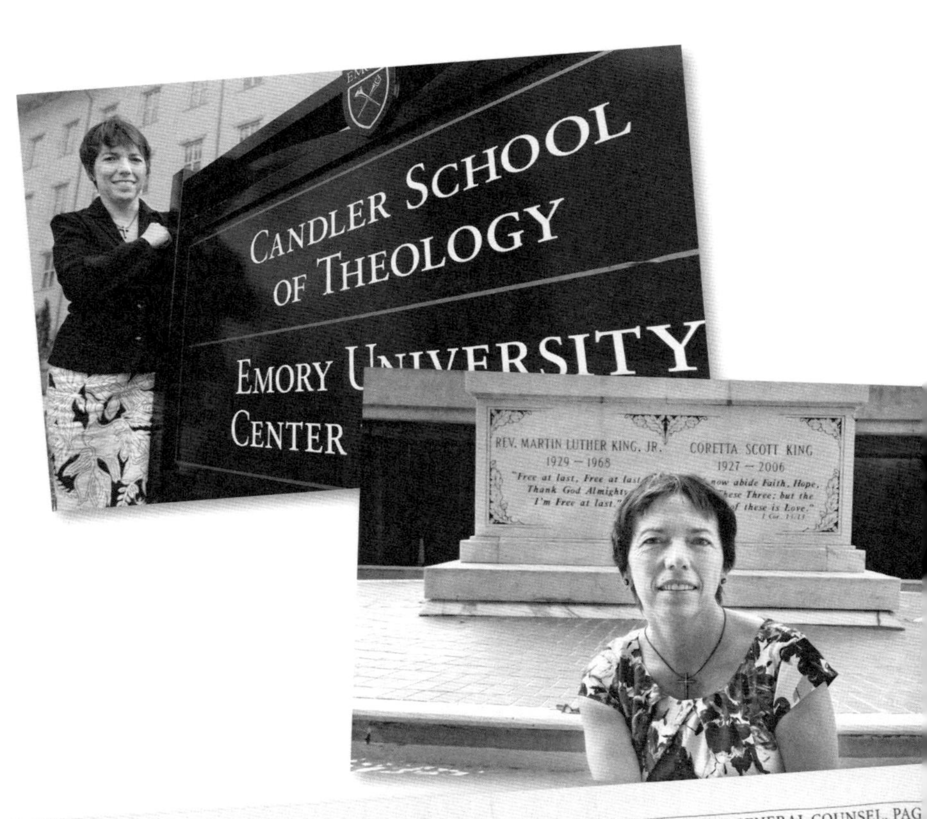

MUNCHING MENCHIE'S
Toco Hills hops on board Atlanta's new frozen yogurt trend, Page 9

NEWS SENCER EMORY'S NEW GENERAL COUNSEL, PAG
EDITORIALS BECK'S STRANGE TRIBUTE TO MLK, PAGE
SPORTS KEEPER SPINDLER PREPS FOR DEFENSE, PAGE

Founded in 1919

THE EMORY WHEEL

EVERY TUESDAY AND

WWW.EMORYWHEEL.COM

TUESDAY, AUGUST 31, 2010

FACULTY

Church Leader Joins Faculty

BY TIFFANY HAN
Executive Editor

ENTERTAINMENT

STUDENT LIFE

Emory Improv University Safe

BY MOLLY DAVIS
News Editor

Stemming from student requests made last year — a year which saw a number of highly-publicized student robberies —, Campus Services has acted in an effort to improve several aspects of University safety and plans to continue to evaluate safety concerns through an advisory board slated to hold its first official meeting next month.

Last spring, College senior Josh Berman, Goizueta Business School

STEPS FOR SAF

New Blue Lights
Near new constru coinciding with s requests

Advisory Board
Composed of stu Campus Service

Visibility
Campus Ser

Mittwoch, 1. September

Fastenbrechen

Heute Abend gab es ein Treffen muslimischer Studentinnen und Studenten zum Fastenbrechen. Spannend. In den Zeitungen wird heftig debattiert, wie Muslime sich integrieren in der US-Gesellschaft. Hier sind junge Leute, die ihren Glauben praktizieren, aber ganz gewiss Teil des Ganzen sein wollen. Universitätspräsident James W. Wagner ist gekommen, ganz offensichtlich ein Zeichen von Solidarität. Es wird von der letzten Umfrage berichtet und wie schwer es für manche inzwischen sei, sich einer der acht Kategorien für Zugehörigkeit zu einer Ethnizität zuzuordnen. „Kaukasian" steht übrigens für „weiß" – der Kaukasus also als europäischer Standard. Dann gibt es neben „Black" und „Asian" noch Kategorien von „2–3 Mix". Sehr, sehr merkwürdig. Wer will denn Menschen so einteilen? Und warum?

Am Tisch sitze ich mit zwei jungen Leuten aus Colorado. Der junge Mann aus einem 800-Seelen-Ort ist konvertiert. Seine Frau ist lybischer Herkunft. Sie erzählen, wie schwer es anfangs war, als Muslima auf dem Universitätsgelände zu leben, aber heute würden es alle akzeptieren, dass sie Kopftuch trägt und den Ramadan beachtet. Ich frage, was es bedeutet, wenn im Universitätsprospekt von 30 Prozent „Griechischer Gemeinschaft" die Rede ist. Und ernte Gelächter. Offenbar gibt es eine Art von „Verbindung". Du gehörst zu „delta-delta-delta" oder einer anderen griechischen Buchstabenkombination und damit zu einer Gemeinschaft, die es an allen großen Unis gibt. Verstanden habe ich das noch nicht ganz. Aber es ist ja erst der Anfang …

Donnerstag, 2. September

Das Erbe Martin Luther Kings

Eine Debatte in der Universitätszeitung „The Emory Wheel", die zweimal wöchentlich erscheint: Worin besteht das Erbe von Martin Luther King? Zwei Artikel reflektieren das neben einer Karikatur, die einen Grabstein zeigt – MLK 1929–1968 „Embrace diversity in all humans" – und eine geballte Faust, die aus dem Grab kommt. Anlass ist eine Rede von Glenn Beck, einem der Führer der „Tea Party-Bewegung". Es ist eine Organisation besonders konservativer Republikaner, die sich auf die Boston Tea Party von 1773, einem Schlüsselereignis in der Bewegung zur Loslösung der USA von England, beruft. Der in England zu versteuernde Tee wurde vom Schiff in den Hafen geworfen, Selbstständigkeit und Unabhängigkeit wurden gefordert. Glenn Beck hielt seine Rede am Jahrestag von Kings großer Rede vor dem Lincoln Memorial letztes Wochenende – ein anderes Symbol. Will er sich auf diese Weise mit Martin Luther King vergleichen? Auf jeden Fall hat er von den amerikanischen Werten gesprochen hat, ja davon, wie die „amerikanische Ehre" wiederhergestellt werden könne. All das mit deutlich rassistischen Untertönen. Beck ist derjenige, der Präsident Obama „deep-seated hatred for white people", einen tiefen Hass gegenüber Weißen, unterstellt. So ist ein Kommentar: Statt „I have a dream": „I have a scheme", statt eines Traumes also fest gefügte Schemata. Wo war die Bürgerrechtsbewegung, warum sind Gegendemonstrationen ausgeblieben, fragen die einen. Wie kann in unserem Land nach so vielen Jahrzehnten so eine Ideologie aufblühen, fragen die anderen. Die Tea Party ist jedenfalls in aller Munde. Sie scheint auch die Republikaner selbst zu spalten, die fürchten müssen, dass Kandidaten der Tea Party, wenn sie antreten, verlieren, weil sie gar zu extrem rechtslastige Positionen vertreten …

Bedrückend finde ich, dass das Martin-Luther-King-Zentrum etwas vernachlässigt wirkt. Zuletzt war ich vor drei Jahren hier, da hat es einen viel lebendigeren, belebteren Eindruck gemacht. Es scheint jetzt eher leer, im kleinen Souvenirshop sind alle Poster ausverkauft. Genau einordnen kann ich das nicht, aber es ist verwunderlich für diese Stadt, für die Martin Luther King doch so eine große Rolle spielt.

Die ersten Tage sind nur so verflogen. Langsam habe ich mir einen Lebensrhythmus angewöhnt, der aber etwas antizyklisch ist. Morgens schaue ich zuerst in die E-Mails, in Deutschland ist es schon mittags und der Posteingang ist voll. Dann gehe ich meist joggen oder in das kleine Sportstudio unten im Wohnheim, frühstücke und mache mich auf den Weg zur Universität. Aber da hier alle früh aufstehen und früh zu Bett gehen, passt es. Manche Restaurants schließen bereits um 20 Uhr. Mittagessenseinladungen sind um 11.30 Uhr oder 12.00 Uhr, zum Abendessen wird meist um 18 Uhr geladen.

Kontakte entwickeln sich sehr schnell hier, aber ich bin auch froh, Ruhe zu finden, Zeit zu haben zum Lesen in der Bibliothek oder im Apartment. Und nachmittags, wenn in Deutschland Abend ist, gibt es gute Möglichkeiten, mit den Töchtern, mit Freundinnen und Freunden zu skypen. Manchmal überrascht es mich auch, wer intensiv Kontakt hält, und wer nicht …

PS: Über die griechischen Gruppen wurde ich übrigens inzwischen belehrt! „Greek life“ at Emory: http://collegeprowler.com/emory-university/greek-life/

Nicht, dass ich es wirklich verstanden hätte, aber ich kann die griechischen Buchstaben an den Häusern auf dem Campus besser einordnen ...

Freitag, 3. September

Labour Day, Banken und Coca-Cola

Ein langes Wochenende. Labour Day. Der Campus wird gegen Mittag leer, Montag fällt alles aus. Ich versuche, zu verstehen, ob das so was wie der 1. Mai ist, Gewerkschaftsversammlungen oder so. Der Mann in der Bank, bei der ich ein Konto eröffne, um Auslandsgebühren zu sparen, sagt: „We do not like unions in the South", wir mögen keine Gewerkschaften hier im Süden. Oha. Das sei am Labour Day vielleicht eine Sache im Norden. Hier im Süden aber würde man im Grunde das Ende der Erntezeit und den Beginn der Universitätszeit feiern. Hm ...

Und dann erklärt er mir, dass die Bank, Sun Trust, mit Candler, der theologischen Fakultät, zu tun habe, und zwar über Coca-Cola. Das habe ich nun die Dekanin gefragt, es erscheint doch etwas merkwürdig. Aber ja, sagt sie. Asa Candler hat Coca-Cola gegründet. Er kaufte die Formel von Pemberton und machte das Ganze zum nationalen Getränk. Sein Bruder Warren war Bischof. Asa gab ihm eine Million, um das Emory College in eine Universität umzuwandeln, und die Hälfte davon ging in die theologische Fakultät – 1914/15 war das eine Menge Geld. Warren Candler wurde der erste Kanzler der Universität. Ein Namensvorschlag damals war Coke University – zu Ehren des methodistischen Pfarrers Thomas Coke.

1919 wurde Coca-Cola an eine Gruppe von Investoren verkauft, an deren Spitze Ernest Woodruff stand. Sein Sohn Robert Winship Woodruff leitete die Firma von 1923 bis 1955. 1979 gaben er und sein Bruder George 105 Millionen US-Dollar an die Universität, damals die größte Einzelzuwendung, die je an eine Bildungseinrichtung im Land gegeben wurde. Sponsoring hat hier einfach eine völlig andere Tradition. Ich hätte jedenfalls nie gedacht, dass Coca-Cola etwas mit einer theologischen Fakultät zu tun haben könnte...

Samstag, 4. September

Black Mountain

Die Dekanin der Fakultät hat mich eingeladen, am Labour Day Weekend mit „in die Berge" zu fahren zum Wandern. Das ist natürlich eine wunderbare Gelegenheit, mehr vom Land zu sehen. Und es ist beeindruckend! Berge, Wälder – Amerika hat auch heute eine Weite, die beeindruckend ist. Wir fahren nordostwärts von Georgia nach North Carolina. Jan, die Dekanin, erzählt, dass in ihrer Familie oft von „dem" Krieg die Rede war, als sie ein Kind war. Sie ist 1952 geboren, aber der Krieg war nicht der Zweite Weltkrieg, sondern der zwischen Südstaaten und Nordstaaten. William T. Sherman, der ebenso berühmte wie berüchtigte General des Amerikanischen Bürgerkrieges, ist hier bis heute verhasst. Er war, so sagen sie hier, der erste große Kriegsstratege der Neuzeit. Er wusste, wie die Heimatfront zu demoralisieren war, und kalkulierte gezielt diese Effekte in der kämpfenden Truppe ein. Und so gab es eine psychologische Kriegsführung, in deren Folge Farmen zerstört, Frauen vergewaltigt und Atlanta abgebrannt wurden. Dieser Krieg ist offensichtlich nach wie vor aktives Trauma der amerikanischen Geschichte.

Mein Schulaustauschjahr habe ich in den Siebzigern in den Nordstaaten verbracht, an der Ostküste in Connecticut. Ich kann mich nicht erinnern, dass es dort derart traumatische Erinnerungen an den Bürgerkrieg gab...

Sonntag, 5. September

Casinos und Native Americans

Die Berge in North Carolina sind wunderbar. Viele Amerikaner aus den Städten haben hier Ferienhäuser im Wald. Asheville ist eine Kleinstadt mit sehr europäischem Flair, alternativ geprägt, viele vegetarische Restaurants. Einige versprechen gar, nur Produkte aus der Region zu verwenden. „Das macht die Karte etwas eintönig, vor allem im Winter", meint Peter, Jans Mann. Viele Künstler leben hier. Ein ehemaliges Woolworth-Kaufhaus ist umgewandelt in eine Galerie, in der lokale Künstlerinnen und Künstler Bilder, Fotografien, Kleidung, Getöpfertes, Schmuck verkaufen...

Das Haus im Wald in Montreat, das eine Freundin von Jan zur Verfügung gestellt hat, ist wunderbar. Offen, Platz für zehn und mehr Personen. Beim Joggen entdecke ich unendlich viele solcher Häuser, meist versteckt im Wald, zum Teil riesig. Wer in Deutschland würde so bauen, dass das Haus von Bäumen völlig verdeckt ist, die Terrasse möglichst im Schatten liegt? Das kann wohl nur verstehen, wer die heißen Sommer hier kennt. Alle wollen es ständig kühl haben, das ist fast eine Besessenheit.

Das Haus liegt auf einem Gelände, das einst den Cherokee-Stämmigen gehörte. Sie waren offenbar sehr freundlich zu den ersten Siedlern, haben ihnen gezeigt, wie das Land am Besten zu bebauen ist. Am Ende wurden sie brutal auf einen „Trail of Tears", „Pfad der Tränen", geschickt – ich erinnere mich an den Todesmarsch von Buchenwald. Wenige von ihnen erreichten Oklahoma lebend. Dort wurden sie mit anderen „Indianern" in ein Lager eingepfercht – eine brutale Zwangsumsiedlung.

Heute gibt es ein Gesetz, das ihnen Land zurückgibt. Ironischerweise verdienen sie so seit knapp 20 Jahren auf besondere Weise Geld: Spielkasinos sind hier eine beliebte Freizeitbeschäftigung. Glücksspiel ist im Bundesstaat Georgia gesetzlich verboten, aber da indianisches Land unter „federal law" liegt, können „Indianer" Kasinos anbieten. Und so machen viele von ihnen Geld, beispielsweise mit Cherokee Tribal Bingo. Das befriedet sicher nicht immer die Gemeinschaft. Es ist eine merkwürdige Konstellation, zu der dieser Versuch führt, heute Unrecht von damals wieder gut zu machen.

Die Black Mountain Region ist sehr presbyterianisch geprägt. Der Gottesdienst ist traditionell, Predigt, Gebet, fast wie zu Hause. Ein presbyterianisches Tagungszentrum gibt es und das Billy Graham Training Center ist gleich um die Ecke. Es heißt, er habe mit seinen Predigten fast 215 Millionen Menschen in seinem Leben erreicht. Vielleicht haben wir noch Zeit, das anzuschauen. Jetzt gehen wir erst mal wandern im Land der „Rednecks", wie sich die Leute hier wegen des roten Nackens vom Sonnenbrand bei der harten Arbeit nennen. Es ist zwar touristisch wunderschön, aber heute eine insgesamt arme Gegend.

Montag, 6. September

Car Talk

Auf der langen Autofahrt haben wir „Car Talk“ gehört. Anscheinend gibt es mehrere solche Sendungen, die in allen Staaten ausgestrahlt werden, wie „Wait, wait, don't tell me“, ein humorvolles Nachrichtenquiz, bei dem Menschen anrufen können. Das liegt sicher daran, dass viele so viel Auto fahren. Alle im Auto amüsieren sich köstlich. Es ist eine offenbar seit Jahren beliebte Radiosendung, die Kultstatus hat. Sie „lebt von“ zwei Brüdern, Tom und Ray, die am renommierten Boston Institute of Technology studiert haben. Sie betreiben seitdem erstaunlicherweise eine Autowerkstatt in Boston. Menschen rufen aus allen Gegenden der USA in der Sendung an, weil sie Fragen zu ihrem Auto haben. Da ist Elisabeth, ihre Klimaanlage funktioniert nicht. Die Brüder machen Witze, der Herbst kommt doch ohnehin, da könnte sie auch bis nächstes Jahr warten … und finden doch die Ursache des Problems. Eine Mutter fragt, ob sie ihrer Tochter nachgeben soll, die fürs erste Semester einen BMW will – die Brüder fragen sie, ob sie noch ganz bei Trost sei. Das sei ein viel zu großes Auto für ein junges Mädchen. Die Mutter bricht in Tränen aus, weil sie vor allem gar nicht möchte, dass die Tochter so weit weg geht. Am Ende einigen sie sich auf einen Vorschlag: kleines Auto, regelmäßige Fahrt nach Hause. Ein Mann fragt, welche Farbe die beste sei außen und innen, damit es kühl bleibt im Auto, er streitet sich darüber mit seiner Frau. Eine Rechtsanwältin schildert einen Unfall und ob sie nun zahlen müsse. Es ist eine merkwürdige Mischung zwischen Ernst und Komik, aber alles dreht sich ums Auto und Menschen quer durch die USA rufen an.

Und ich würde von den beiden gern erfahren, wie ich meine Gastgeber höflich bitten könnte, ob es nicht ein bisschen weniger kalt sein könnte im Auto... Alles wird hier tiefgefroren, ich habe ständig eine Strickjacke dabei. Draußen ist es wunderbar warm, aber drinnen entsetzlich kalt, ob im Auto, in der Bibliothek oder im Universitätsbüro. Das soll ich nun als Fortschritt sehen – ich friere mitten im herrlichsten Sommerwetter.

Dienstag, 7. September

Lake Wobegon

Die Lutheraner vom Lake Wobegon sind mir hier wirklich ans Herz gewachsen. Erfunden hat sie Garrison Keillor. Seit dreißig Jahren berichtet er jeden Samstagnachmittag in der Radiosendung „A Prairie Home Companion“ aus Minnesota von ihnen. Es ist eine sehr witzige Persiflage auf die Standardlutheraner. Sie fahren Ford, nennen ihre Kirche „Third Lutheran Church“, weil sie nicht so gern die ersten sind, trinken viel Kaffee. Wer in ihrer Kirche mit der Hand wedelt und laut Amen ruft, wie in afro-amerikanischen Kirchen üblich, wird nicht wieder eingeladen. Sie lachen nicht laut, sondern lächeln, so laut sie können. Sie tun alles dafür, dass es ihnen im Urlaub richtig schlecht geht, weil sie ein schlechtes Gewissen hätten, wenn sie sich richtig amüsieren würden. Und da es in der Bibel heißt, eine feste Burg ist unser Gott, müsse Gott wohl Lutheraner sein. Es ist wirklich komisch, ein guter, tiefgründiger Humor, der auch bei Lutheranern gut ankommt.

Luther selbst sagte doch, das Evangelium kann nur mit Humor gepredigt werden. Und irgendwie wächst mir Luther noch mal

mehr ans Herz mit seinen kritischen Analysen von fragwürdiger Theologie und seiner scharfen Sprache gegenüber Missständen. Die Lutherübersetzung der Bibel habe ich jedenfalls im Kleinformat ebenso wie die Herrnhuter Losungen dabei …

Mittwoch, 8. September

Vom Winde verweht

Hier in Atlanta hat Margaret Mitchell ihren weltberühmten Roman „Vom Winde verweht" geschrieben. Es gibt ein „Margaret Mitchell House", ein Museum in dem Haus, in dem sie den Roman verfasst hat. Das Haus sollte vor gut zwanzig Jahren abgerissen werden und Hochhäusern Platz machen. Eine Bürgerinitiative hat das verhindert und mit Geldern von Daimler-Benz wurde es renoviert. Das ist mal eine ungewöhnliche Kombination, finde ich!

Im Museum ist die Wohnung von Margaret Mitchell zu sehen, ihre Biografie nachzulesen. Angeblich ist ihr Roman nach der Bibel das meist verbreitete, gedruckte, übersetzte Buch der Welt. Ganz offensichtlich sind viele der Figuren der Biografie der Autorin nachempfunden. Ihr erster Verlobter fiel im Ersten Weltkrieg, der erste Ehemann verließ sie nach nur vier Monaten. Mit dem zweiten Ehemann lebte sie zusammen, bis sie mit neunundvierzig Jahren in der Nähe ihres Hauses von einem Auto überfahren wurde. Es blieb so ihr einziges Buch, aber sie erlangte Weltruhm.

„Vom Winde verweht" erzählt die Geschichte des Südens, der Sklaverei, von General Sherman. Es ist spannend, den Film noch einmal zu sehen mit den Bildern dieser Gegend vor Augen. Laut

Museum hat Atlanta drei Tage gefeiert, als der Film Ende 1939 in die Kinos kam. Da hatte der Zweite Weltkrieg schon begonnen ...

Donnerstag, 9. September

Football

Von Football habe ich keine Ahnung, es interessiert mich auch nicht sonderlich. Aber es gibt kein Entkommen! Heute beginnt das Rennen um den Einzug in den Super Bowl, angeblich das größte Sportereignis der Welt. Millionen verfolgen die Spiele, am Wochenende ist das in jeden Nachrichten Thema. Jetzt fängt mit dem „Kickoff" erst mal die Pre-Season an. Dann geht es in der Regular Season darum, auf die Playoff-Plätze bis zum 2. Januar zu kommen. Auf denen spielen zwölf Mannschaften. Der so genannte „Super Bowl" folgt am 6. Februar. Es heißt, dass dann alles still steht im Land und angeblich in der Halbzeitpause der Wasserverbrauch (aufgrund von Toilettenbenutzung) messbar massiv steigt.

Gut, Bundesliga gibt es auch, aber hier ist die Mannschaft ein solches Idol, Menschen kleiden sich danach, tun alles, um dabei zu sein – na ja, vielleicht ist es doch auch vergleichbar. Begreifen werde ich das Spiel wohl nie, auch wenn die Studenten im Gemeinschaftsraum heute Abend versucht haben, es zu erklären.

Natürlich denke ich bei alledem auch an Robert Enke. Meine Güte, welcher Erfolgsdruck. Siegen ist alles, Verlieren und Versagen nicht erlaubt. Alle müssen machomäßig stark sein! Wehe, wenn jemand nicht mithalten kann ...

Freitag, 10. September

Religiöse Toleranz

Die Frage der religiösen Toleranz wird allüberall in den Nachrichtensendern diskutiert, seit das „Dove World Outreach Center“ in Gainesville Florida angekündigt hat, den Koran öffentlich zu verbrennen. Fast alle öffentlichen Personen, alle Kirchenleitenden verurteilen das. General Petraeus, der Kommandeur der US-Truppen in Irak und Afghnanistan, warnt, das könne zu einer weiteren Radikalisierung führen, die die amerikanischen Truppen in Afghanistan und Irak weiter gefährdet. Der Antrag auf ein „Bonfire“, also ein öffentliches Feuer, wurde in der Gemeinde abgelehnt, eine Gegendemonstration ist angekündigt. Vernünftige Reaktionen, die um Schadensbegrenzung bemüht sind, also allerorten. Und doch tobt eine hoch emotionale Auseinandersetzung.

Wer die Homepage der sehr kleinen Gemeinde (50 Mitglieder!) anklickt, bekommt Botschaften gegen Abtreibung, gegen Homosexuelle, gegen Liberale etc. aufgetischt unter einem Bild, das eine Friedenstaube in den Himmel fliegen lässt (www.doveworld.org).

Die geplante Koranverbrennung macht Stimmung. Abgesehen davon, dass Bücherverbrennungen von den schlimmsten Unterdrückungserfahrungen der Geschichte zeugen bis hin zur Nazi-Diktatur, steht dieser Vorgang und die Aufmerksamkeit, die er erzeugt, in einem Zusammenhang. Er ist nicht zufällig in einer Debatte, die hitziger wird. Der Journalist Jon Meacham hat seinen Leitartikel im Magazin Newsweek dieser Woche unter die Überschrift gesetzt: „Let Reformation begin at Ground Zero“ („Lasst die Reformation am Ground Zero beginnen“). Dort schildert er eindrücklich, wie Amerika es bisher geschafft habe, die terroristischen Angriffe vom

11. September 2001 nicht zu einer anti-islamischen Hasskampagne führen zu lassen. Auch wenn klar sei, dass Muslime die Attentäter waren, habe es eine sehr angemessene Reaktion gegeben, die dem amerikanischen Erbe entspreche. Er erinnert an eine Rede von Präsident Dwight D. Eisenhower 1957, der ein islamisches Zentrum in Washington mit dem Hinweis darauf eröffnete, dass Amerika entschieden für Religionsfreiheit eintrete. Mit der Debatte um das muslimische Kulturzentrum in New York habe sich das verändert. Es ist ein Appell zur Reform des Islam. Aber auch ein Appell, das Zentrum zu bauen, damit genau das dort möglich ist.

Wer die amerikanische Geschichte anschaut – und das ist in der Fakultät zurzeit Thema –, sieht, dass die Frage der religiösen Toleranz sich wie ein roter Faden durchzieht. Schon Anfang des 17. Jahrhunderts gab es diese Frage mit Blick auf die Puritaner. Roger Williams (etwa 1603–1683), ein evangelischer Theologe, propagierte Religionsfreiheit und eine Trennung von Staat und Kirche. Er gründete die Kolonie von Rhode Island als Zuflucht für religiöse Minderheiten. Er studierte indianische Sprachen und trat für faire Beziehungen zu den Ureinwohnern ein. Die Religionskriege in Europa überzeugten ihn, dass eine Staatskirche nicht im Sinne des Evangeliums sei. Das alles wurde damals als geradezu gefährlich eingeschätzt von denen, die Staat und Kirche in Einklang sehen wollten.

Und das ist auch heute ganz offensichtlich aktuell – nicht nur in der Islamdebatte. Religion ist hier in den Südstaaten öffentlich überall präsent. An der Straße etwa gibt es Schilder: „Give God what's right, not what's left" („Gib Gott, was angemessen ist, nicht was übrig ist"). Oder: „Spread the Gospel, not gossip" („Verbreite das Evangelium, nicht Gerüchte"). Auf der Wanderung grüßen

Ein guter tiefgründiger Humor…

Dienstag, 7. September

…Die Lutheraner vom Lake Wobegon sind mir ans Herz gewachsen. Sie fahren Ford, nennen sich „Third Lutheran Church", weil sie nicht gern die ersten sind, lachen nicht laut, sondern lächeln, so laut sie können.

Gone With the Wind
Discover the story behind Margaret Mitchell's Pulitzer Prize-winning novel that inspired the world's most beloved movie.
404.249.7015
MARGARET MITCHELL HOUSE
Completed in 1899 by Cornelius J. Sheehan, the Margaret Mitchell House was originally a single-family, Tudor Revival residence. In 1913, the house was relocated to the rear of the property and converted into a ten-unit apartment building, known as the Crescent Apartments, in 1919.
In 1925, Margaret Mitchell and her husband, John Marsh, moved into Apartment No. 1 where Mitchell wrote the Pulitzer-Prize winning novel Gone With the Wind.
Today, the Margaret Mitchell House is a designated city landmark listed on the National Register of Historic Places, a popular tourist destination, and home to the award-winning Literary Center at the Margaret Mitchell House.
ATLANTA HISTORY CENTER 2010

die Menschen sich freundlich. Als wir warten müssen, um einige Menschen vorbei zu lassen, fragt eine Frau: „Where do you attend church?" („Wo gehen Sie zur Kirche?"), nicht: „Woher kommen Sie?" Als wir sagen, wir seien eine Methodistin, ein Quäker und eine Lutheranerin, findet sie das eine höchst erstaunliche ökumenische Konstellation. Die Frauen im Laden, in dem ich einkaufe, beginnen, als sie hören, dass ich eine Theologin aus Deutschland bin, sofort mit einer Diskussion über Religionsfreiheit und wie wichtig die sei. Es gibt Streit um die Inhalte von Schulbüchern. In Texas wollen manche alles streichen, was zu liberal riecht: Jefferson, die Bürgerrechtsbewegung und die Frauenbewegung.

Wie viel Religion verträgt die Politik? Wie viel Nähe zum Staat die Kirche? Wie viel religiöse Toleranz ist nötig, wo sind Grenzen zu ziehen um der Freiheit willen? Solche Fragen sind in der Geschichte der USA seit Gründungszeiten immer wieder diskutiert worden und sie bleiben aktuell spannend. Das Land der Freiheit ringt um die Grenzen und die Weite von Freiheit mit Blick auf die Religion und das Verhältnis von Staat und Religion. Aber das sind auch für uns in Deutschland spannende Fragen.

Samstag, 11. September

Der 11. September ist ein besonderer Tag hier. Die Erinnerung an die Angriffe auf die Twin Towers, das Pentagon und den Flugzeugabsturz sind überall präsent. Ein bleibendes Trauma. Immer wieder heißt es, dass zum ersten Mal seit Generationen Amerikaner im eigenen Land angegriffen wurden.

Die Redner, Präsident und Vizepräsident, die Rednerinnen, Michelle Obama und Laura Bush, tun alles, um die anti-islamische

Stimmung der letzten Tage aufzufangen, diejenigen, die Feuer legen, in die Ecke zu verweisen.

Die Brände in San Francisco aber drängen alle anderen Nachrichten in den Hintergrund. Furchtbare Bilder von einem derartigen Flammenmeer, die Hilflosigkeit gegenüber dieser Wucht von Feuer, und auch der Zorn, dass so etwas passieren kann, bestimmen die Meldungen. Menschen hatten offenbar seit Tagen Gas gerochen.

Sonntag, 12. September

Präsident Obama

Präsident Barack Obama ist nicht zu beneiden. Er wird von den so genannten „Linken" attackiert, weil er nicht genug umgesetzt habe von seinen Wahlversprechen. Und die so genannte „Rechte" attackiert ihn mit in Deutschland historisch wohlbekannten Formeln vom Vaterlandsverrat. Da wird verbreitet, er sei gar nicht in den USA geboren, die Geburtsurkunde aus Hawaii sei gefälscht. Sein zweiter Name Hussein zeige, dass er selbst Muslim sei. „Freunde" raten ihm, öfter medienwirksam zum Gottesdienst zu gehen. Umfragen zufolge glauben inzwischen 24 Prozent der Amerikaner, dass Obama Muslim sei. Newsweek titelt: „The making of a Terrorist-coddling warmongering wallstreet-loving socialistic godless muslim President – who isn't acutally any of these things". Übersetzt heißt das ungefähr: das Konstrukt eines Präsidenten, der mit Terroristen sympathisiert, mit dem Krieg Handel treibt, die Wallstreet, die Ökonomie also streichelt, sozialistisch und gottlos ist, auch noch muslimisch und der all das überhaupt nicht ist. Die ganze Debatte um Koranverbrennung und das muslimische Kulturzentrum in New York – sie ist letzten Endes schon Wahlkampf. Ein Drittel des Senates (36 Sitze) und der gesamte Kongress, das Abgeordnetenhaus mit 435 Sitzen werden im November neu gewählt. Da geht es um Machtverhältnisse. Und Religion kann Ängste schüren, das wird deutlich.

In einer Talkshow wurde kürzlich spekuliert, Obama sei ein „one-termer", also einer, der nicht zur Neuwahl antritt. Er sehe nicht so aus, als ob er den Job mag. Andere fordern, dass er seine Erfolge etwa in der Gesundheitsreform besser herausstelle.

Ich muss sagen, ich bewundere die Ruhe, mit der er auftritt bei all diesen Zerreißproben und Anschuldigungen und Falschaussagen. Bei einer Pressekonferenz, die live übertragen wird, ist er glasklar. Das gibt es so in Deutschland nicht. Der Präsident steht mehr als eine Stunde da und beantwortet freihändig ohne Moderation, ohne Beratung Fragen. Zuallererst geht es um die Wirtschaft, ein Thema, das alle hier mehr beschäftigt als alles andere. Aber dann wird er nach dem Islam gefragt, nach jenem Pastor in Gainesville und dem Kulturzentrum in New York. Und auch da ist Barack Obama glasklar: Es geht nicht um einen Krieg gegen den Islam. Am 11. September 2001 haben Terroristen die USA angegriffen, sagt er, nicht eine Religionsgemeinschaft. Solche Klarheit inmitten von Angriffen, die wirklich heftig sind und Verleumdung nicht scheuen, imponiert mir. Ein bisschen lutherisch, wie einst vor Kaiser und Papst diese Haltung: Ich stehe hier, ich kann nicht anders. Gott helfe mir. Amen.

Montag, 13. September

Busbekanntschaften

Trotz aller Weite des Geländes, „man trifft sich“. So treffe ich im Bus von der Uni zum Campus Dr. Beauty Maenzanise. Sie stammt aus Simbabwe und ist in diesem Semester die zweite „visiting professor“ der Fakultät. Allerdings wird sie ein ganzes Jahr bleiben. Sie leitet als erste Frau ein methodistisches College in Simbabwe (Dean of the Faculty of Theology, Africa University). Das hat nun wiederum einen Partnerschaftsvertrag mit der Candler School of Theology. Sie ist riesig froh, dieses Jahr als „Sabbatical“ hier verbringen zu können. Es geht ihr wie mir: Du kannst lesen und schreiben und ab und an hast du eine Verpflichtung. Ein außerordentlich kreatives Konzept, finden wir!

Neben uns sitzt Manuel. Er stammt aus Sachsen, studiert in Göttingen. Und auch Göttingen hat eine Verbindung zu Candler. Manuel erzählt, dass er aus eher evangelikalem Hintergrund kommt, in Krelingen Sprachen gelernt hat. Ich kenne das „Geistliche Rüstzentrum Krelingen“ gut aus meiner Zeit als Bischöfin. Ich frage ihn, wie er das einschätzt. Gestern sagte mir ein Professor, dass Bildung in vielen Kirchen in den USA bei Predigern gar nicht so gern gesehen werde, Universitätsstudium gilt dort eher als Gefährdung des Glaubens. In Deutschland ist das meines Erachtens eher ein Thema meiner Generation, ich habe mein Studium 1977 begonnen. Manuel sieht offenbar doch auch Parallelen, dass manche eher völlig abgeschreckt werden durch die historisch-kritische Methode, andere nahezu den Glauben verlieren und sich abgrenzen. Nicht leicht, da den eigenen Weg zu finden. Ich finde toll, dass er sich nach dem sechsten Semester aufgemacht hat in die USA. Was für eine Bereicherung wird das für sein Theologiestudium sein! Wie merkwürdig aber, dass er erzählt, es gebe kaum Bewerbungen für dieses Austauschprogramm. Das finde ich schade… Ach, gerne würde ich natürlich mit der Fakultät in Göttingen Kontakt aufnehmen! Wahrscheinlich ist es einfach so, dass mit dem Generationenwechsel der Professoren die Verbindung ein wenig „eingeschlafen ist" …

Endlich habe ich jetzt ein Fahrrad ausleihen können, damit bin ich unabhängig vom Bus. Fahrrad und Laufen sind hier aber definitiv die Ausnahme.

Dienstag, 14. September

Auch eine Rassenfrage

Das Studentenwohnheim hat zu allem Überfluss auch noch einen Pool. Den probiere ich heute aus, das Wetter ist nach deutschen Maßstäben Hochsommer. Offenbar benutzt ihn kaum jemand. Der aus Mexiko stammende Hausmeister spricht mich an. Er sagt, er könne überhaupt nicht schwimmen, wo ich das denn gelernt habe. Mich erinnert das daran, dass mich eine afro-amerikanische Delegierte im Ökumenischen Rat der Kirchen einmal darauf hingewiesen hat, dass schwarze Amerikaner in der Regel nicht schwimmen können. Sie haben keine Pools. Sie sind nicht Mitglied in einem Schwimmklub. Das habe ich auch in Brasilien erlebt. Eine Gruppe von Kindern aus Ghettos wurde gefragt, was sie am liebsten lernen wollen. Die Antwort war: den Computer benutzen und schwimmen. Weil der Computer eben eine ganze Welt eröffnet und das Schwimmen am Strand dir die Kommunikation möglich macht. In

Durban habe ich einmal gesehen, wie Kinder in Schuluniformen an einem ehemals für Weiße reservierten Strand juchzend im Wasser hüpften. Keines aber ging weit hinein, denn keines konnte schwimmen. Schwimmen können ist Luxus …

Mittwoch, 15. September

Lunch mit President Carter

Der ehemalige US-Präsident Jimmy Carter ist an der Emory University engagiert. Regelmäßig lädt er drei Personen von dort zum Lunch ein. Heute konnte ich dabei sein, dazu John Hardman, der Präsident des Carter Center, Wright Caughman, ein Mediziner, und Robert Schapiro, ein Jurist. Es ergab sich ein spannendes Gespräch über Religion in Deutschland, die Gesundheitsreform in den USA, US-Gerichtsverfahren zur Gleichstellung homosexueller Paare.

Jimmy Carter ist ein ungeheuer interessanter Mann mit einer sehr individuellen Biografie, die durchaus nicht stromlinienförmig ist. Am 1. Oktober wird er sechsundachtzig. Angesichts dieses Alters ist nur zu staunen, wie sehr er in vielen Fragen ganz aktuell und hellwach informiert, engagiert, bewandert ist. Er liest, reist, mischt sich ein, schreibt Bücher, malt. Er war Präsident der Vereinigten Staaten von 1977 bis 1981. Nach seiner Wahlniederlage gegen Ronald Reagan zog er sich nach Georgia zurück. Seitdem ist er als Aktivist für Menschenrechtsfragen aktiv, engagiert in der Friedensfrage, bei Wahlbeobachtungen und für ein großes Gesundheitsprogramm. In mancherlei Konflikten hat er zu vermitteln versucht. Dafür hat er ein hohes Renommee und 2002 den Friedensnobelpreis erhalten. Er ist aber durchaus auch umstritten. Während seiner Amtszeit wurde ihm vorgeworfen, den Zwischenfall im Atomkraftwerk Three-Miles-Island mit zu großer Rücksicht auf die Nuklearindustrie behandelt zu haben. Dass er Indonesien unterstützte, obwohl er um die Menschenrechtsverletzungen in Ost-Timor wusste, wurde kritisiert. Auch die gescheiterte Befreiung von 50 Amerikanern im Iran, die als Geiseln genommen wurden, nachdem Carter der Einreise des Schah von Persien zur Krebsbehandlung in den USA zugestimmt hatte, wurde ihm angelastet. Und als er in diesem Jahr selbst nach Nordkorea flog, um einen inhaftierten Amerikaner auszulösen, waren nicht alle begeistert. Die US-Regierung nannte es eine explizit private Reise.

Jimmy Carter entspricht insofern nicht den Erwartungen, als er einen so ganz eigenen Weg gegangen ist. Und das offenbar in der Freiheit seines Glaubens. Er hat sich distanziert von der Southern Baptist Convention, weil sie sich immer konservativer und pro-war entwickelt hat. Aber in seiner Gemeinde in Plains, wo die berühmte Erdnussplantage seiner Familie liegt, engagieren er und seine Frau sich weiterhin in einer vor Jahren neu gegründeten Baptistengemeinde. Und er bittet mich um ein Tischgebet …

Seit Präsident Herbert Clark Hoover (1929–1933) sind alle Unterlagen einer Amtszeit Eigentum des Staates und werden nach der Amtszeit ebenso wie die Geschenke (im Wert von über 100 Dollar) einer Bibliothek übergeben. Dort sind sie für Öffentlichkeit und Forschung zugänglich. Das Carter Center ist inzwischen eine Institution in Atlanta und darüber hinaus. Es gibt eine Ausstellung über das Leben von Jimmy Carter im Museum sowie eine Dokumentation der Aktivitäten des Carter Center heute, ein kleines Auditorium, in dem Diskussionen und Buchvorstellungen stattfinden (demnächst kommt Salman Rushdie) und einen Raum für Sonderausstellungen. Dort läuft zur Zeit eine Ausstellung unter dem Titel „Freedom Sisters". Es sind Porträts von 20 Frauen der Bürgerrechtsbewegung von Ella Jo Baker über Rosa Parks, Coretta Scott King bis zu Ida B. Wells-Barnett. Viele kannte ich nicht. Eine bewegende Geschichte über Frauen, die den Mut hatten, für ihre Rechte und die Rechte anderer einzustehen. Das alles ist professionell gemacht mit interaktiven Möglichkeiten. Du kannst im Bus sitzen und den Busfahrer sehen, der die Polizei holt, um Rosa Parks zu verhaften. Du kannst im Carter Center einen Rucksack packen und mitnehmen, was nötig ist aus den unterschiedlichen Regionen der Welt.

Dazu gibt es noch die „Gardens of The Carter Presidential Center". Angesichts der Hochhäuser von Atlanta ein wirkliches Refugium. An vielen Stellen gibt es Hinweise, wer was gestiftet hat: den Japanischen Garten, einen Teich, einen Rosengarten. Das Stiftungswesen in den USA ist noch eine ganz andere Geschichte …

Donnerstag, 16. September

Halle Dinner

Holli A. Semetko, eine Politikprofessorin, hat mich im Namen der „Halle Foundation" zu einem Abendessen mit 50 Frauen eingeladen. Claus M. Halle schwamm als junger Mann durch die Elbe, um in amerikanische und nicht englische oder russische Kriegsgefangenschaft zu kommen. Er wurde in Deutschland Fahrer bei Coca-Cola, kam später nach Atlanta und machte hier eine große Karriere in der Firma. Die „Halle Foundation" dient der Pflege deutsch-amerikanischer Beziehungen, dafür hat er ihr Geld vermacht. Ich erzähle aus meinem Leben. Professor Love erzählt, dass wir uns seit 1983 kennen, warum ich zurückgetreten bin und wir kommen in wunderbare Gespräche über Frauen in der Kirche, Führungsstil, Mütter in der Berufswelt. Nicht vergessen werde ich eine sehr alte und sehr gut aussehende Dame, die am Ende in tiefstem Südstaatenakzent sagte: „You are very welcome here in the South, Sweetheart!" Ich weiß nicht, wann mich zuletzt jemand Sweetheart genannt hat :-).

Freitag, 17. September

Jom Kippur

Ein Mitglied der Emory University, spezialisiert auf französische Geschichte, ist Jüdin und hat mich zu Jom Kippur in die Synagoge eingeladen. Aufgrund der Parkplatzlage fahren wir schon eine Stunde vorher los. Die Synagoge ist brechend voll, gut achthundert Menschen. Es ist eigentlich eine Episcopal Church, die Freitagabends halt umgewandelt wird. In Hannover habe ich die langen Debatten erlebt, als eine Kirche – allerdings auf Dauer – in eine Synagoge umgewandelt wurde. Das scheint hier niemanden zu beschäftigen.

Der Gottesdienst dauert zweieinviertel Stunden! Allerdings ist er sehr abwechslungsreich, mit Chor, einer Ansprache der Vorsitzenden des Gemeindeausschusses, die zu Veranstaltungen einlädt und um Spenden wirbt, zwei Rabbinern, die die Jom-Kippur-Gebete sprechen, einer Zeit der Stille. In einer kurzen Rede erzählt ein Mann von der Gemeinde. Es kommt Heiterkeit auf, als er beginnt: Heute sei ein besonderer Tag, er müsse nach 26 Ehejahren etwas beichten, ein Coming Out. Stille. Er faste nicht an Jom Kippur. Ein guter Redner. Er sagt, er sei ein säkularer Jude, aber diese Gemeinde gebe ihm eine Heimat, und lädt andere ein, beizutreten. Die Predigt ist eine halbe Stunde lang. Sie ist beeindruckend. Es geht um die Frage von Kontrolle und Freiheit durch Kontrollverlust. Dazu gibt der Rabbiner gute Beispiele, eines von einem der Paare, die er traute. Die Mutter des Bräutigams hörte nicht auf, darüber zu reden, dass die Schwiegertochter doch hoffentlich bald konvertiere. Er versuchte, ihr klar zu machen, dass sie genau dadurch das junge Paar von sich wegtreibe, sie müsse die Freiheit zulassen. So interpretiert er diesen Bußtag auch als Tag der Freiheit. Überraschend finde ich, dass ausgerechnet er den „Soup Nazi" als Kontrollfreak benennt. Die ganze Gemeinde lacht. Später finde ich im Internet heraus, dass das die Figur einer Unterhaltungssendung ist. Wer sich nicht angemessen benimmt, bekommt kein Essen. Es ist zum Lachen. Und doch ein merkwürdiger Humor.

Wir bringen unsere Unzulänglichkeiten vor Gott. Dazu hat das Gesangbuch schöne liturgische Vorlagen. Vieles ist hebräisch.

Das Überraschendste kommt zum Schluss. Es ist ein „Gebet für das Ende des Versteckens". Es geht um schwule und lesbische Judinnen und Juden, die sich nicht länger gezwungen sehen sollen, etwas vorzugeben, was sie nicht sind. In der Erklärung heißt es, jeder könne mitbeten in dem Maße, wie es für ihn akzeptabel sei. Die „Congregation Bet Haverim" (CBH) sei entstanden, weil es keine inklusive Gemeinschaft gab, in der Schwule und Lesben sich outen konnten. Heute besteht die Synagogengemeinschaft hier zur Hälfte aus ihnen. Aber es ist nicht das ständige Thema. Wer die Eintritte vom letzten Monat im Gemeindeblatt liest, sieht, dass es hauptsächlich Ehepaare mit Kindern sind, die zur Gemeinde kommen: bewusst gelebte Inklusivität.

„You're welcome …

Donnerstag, 16. September

HALLE DISTINGUISHED FELLOW PROGRAM

THE REV. DR. MARGOT KÄSSMANN

FORMER HEAD OF THE PROTESTANT CHURCH IN GERMANY

THURSDAY, SEPTEMBER 16, 2010

6:30 P.M.

THE MICHAEL C.

EMORY UNIVERSI

Co-sponsored by:
Candler School of

Luminaries
Fall 2010 Series
Free Public Presentations
Provocative Though
Hosted by the Office of the Provost at E

The Challenges and Opportunities of Women's Leadership in the Church Worldwide

Rev. Dr. Margot Kässmann
September 21, 2010
4:30 p.m. | Cannon Chapel

Theologian, pastor, prolific author, and the former head of the Protestant church in Germany, **Margot Kässmann** is an influential leader in the international ecumenical arena, where she has served for more than twenty-five years. Since her 1983 election to the board of directors of the World Council of Churches, she has broken age and gender barriers, including her election as the first female bishop of the Evangelical Lutheran Church of Hanover. In 2009, she was elected chair of the Council of the Evangelical Church in Germany, the governing body of that country's twenty-four million Protestants. She voluntarily resigned as chair of the council and as bishop in February 2010 after a drunk-driving conviction. Described by the Berliner Morgenpost as "a remarkable personality: pugnacious, sometimes contrary, but always straightforward," Kässmann is known for her administrative acumen, prophetic witness, and pastoral ability to resolve complex dilemmas of everyday life.

Kässmann is a visiting Distinguished Theologian-in-Residence at Emory University's Candler School of Theology and a Distinguished Fellow of the Claus M. Halle Institute for Global Learning during fall 2010.

EMORY
CANDLER SCHOOL OF THEOLOGY

Lecture and reception cosponsored by Candler School of Theology and the Claus M. Halle Institute for Global Learning.

…here in the South, Sweetheart!", so eine sehr alte und sehr gut aussehende Dame in tiefstem Südstaatenakzent. Ich weiß nicht, wann mich zuletzt jemand Sweetheart genannt hat :-)

Judentum ist hier natürlich wesentlich präsenter als in Deutschland. Das gilt auch für die beiden orthodoxen Synagogen. Und ist sogar im Supermarkt sichtbar, wo vieles als „kosher“ gekennzeichnet ist.

Samstag, 18. September

Armut

Ich brauche eine Sozialversicherungsnummer. Seit drei Wochen habe ich das abgewehrt, ich will ja schließlich nicht auf Dauer hier leben oder arbeiten. Aber weit gefehlt: Weder ein Bankkonto lässt sich eröffnen noch etwas registrieren ohne diese Nummer. SSN ist fast wie ein Personalausweis.

Also suche ich das Social Security Administration Office. Das ist echt ein Angang! Solche Gebäude werden vom Staat gemietet, und zwar möglichst preiswert. Das für mich zuständige Büro befindet sich ganz hinten auf einem Parkplatz neben einem Einkaufszentrum. Es gibt endlose Warteschlangen mit Nummern. Ich warte zwei Stunden, bis ich aufgerufen werde. Ein Mann neben mir meint, da hätte ich noch Glück. Keiner geht zur Toilette, denn wenn du deinen Aufruf verpasst, der in harschen Tönen durch den Lautsprecher gebellt wird, dann fängst du wieder von vorne an. Hier ist die Armut zu sehen, greifbar. Dagegen ist Emory University eine Wohlstandsinsel. 14,3 Prozent der Amerikaner gelten als arm, mehr als ein Fünftel aller Kinder. 43 Millionen haben weniger als 8 000 Dollar Jahreseinkommen! Wer in den USA abstürzt, landet schnell auf der Straße. 41 Millionen Menschen erhalten staatliche Unterstützung. Und sie landen hier.

Ich erhalte meine Nummer. Der alte Mann neben mir ist eingeschlafen. Ich traue mich nicht, ihn zu wecken. Aber was, wenn er den Aufruf seiner Nummer verpasst? Anschließend versuche ich, ein Taxi anzurufen. Zwei Unternehmen erklären, in diese Gegend würden sie nicht fahren. Das dritte verspricht, in 30 bis 40 Minuten sei jemand da. Nach 50 Minuten ist es auch so. Und ich bin froh, „nach Hause" in mein Studentenwohnheim zu kommen. Arm sein ist hart, auch im reichen Amerika.

Sonntag, 19. September

World of Coca-Cola

Atlanta ist die Stadt, in der John S. Pemberton Coca-Cola erfunden hat. Als Apotheker wollte er etwas Erfrischendes kreieren und erfand eine Formel, die bis heute geheim gehalten wird. Seinen Erfolg erlebte er nicht mehr. Erst als Mr. Candler die Sache übernahm, wurde sie zum nationalen Getränk. Und nach ihm machte Mr. Woodruff Coca-Cola zum weltweiten Projekt. Ersterer ist der Bruder von Mr. Candler, der die Theologische Fakultät einst finanzierte; Mr. Woodruff hat sich in Emory so stark engagiert, dass das Sportstadium nach ihm benannt ist.

Der Eintritt ins Museum kostet 15 Dollar. Eigentlich ist das eine Frechheit, denn es handelt sich um eine einzige Werbeveranstaltung. Die Botschaft lautet: Coca-Cola macht glücklich und verbindet Menschen in der ganzen Welt miteinander. Coca-Cola-Flaschen aus China und Guatemala werden gezeigt, Getränke aus allen möglichen Ländern können gekostet werden, es gibt einen Animationsfilm, der zeigt, wie glücklich alle in der Coca-Cola-Welt sind. Und am Ende führt der Weg durch einen Souvenirshop, in dem vom Klopapierrollenhalter bis zur Unterhose alles mit Coca-Cola-Aufdruck zu finden ist. Übrigens gibt es dort auch Handtaschen und anderes aus Coca-Cola-Dosen, das in Afrika aus der Mangelsituation heraus produziert wird. Hier ist es zum teuren Design geworden ...

Montag, 20. September

German Community

Aufgrund von mehreren Einladungen ihrerseits gibt es guten Kontakt zur deutsch-amerikanischen Handelskammer. Es ist schon interessant, wie viele deutsche Firmen hier ansässig sind! Und wie sehr die Unterschiede bewusst werden. Beispielsweise: Bewerbungen dürfen in den USA kein Foto und keine Altersangabe beinhalten, damit es keine Voraburteile gibt. Bei einem Vortrag unter dem Titel „Burger and Spätzle" macht Rita Wuebbeler, eine Deutsche, die seit vielen Jahren hier lebt, das sehr klar. Beispielsweise definiere sich die amerikanische Kultur grundsätzlich als eine der Immigration, die deutsche sieht das eher als Notwendigkeit. Deshalb seien in den USA Veränderung und Mobilität positive Faktoren, in Deutschland eher Stabilität und Tiefgründigkeit. Bei der Frage der Beziehungen nimmt sie Pfirsiche und Kokosnüsse als Beispiel. Die Pfirsiche sind offen, haben schnell Freunde. Die Kokosnüsse brauchen einige Zeit, um jemanden durch die harte Schale hindurch zu lassen – guess who is who??
Witzig finde ich folgenden Dialog in ihrer Präsentation:
TODD: Dieter is so rude.
ELKE: What happened?

TODD: He said my office is a mess!
ELKE: But it is!
TODD: And he said it makes us all look bad when people visit!
ELKE: So why do you think he's rude?

Eine wunderbares Beispiel dafür, wie wir aneinander vorbei reden können.

Heiterkeit kommt sofort auf, als Helen fragt, ob einer der amerikanischen Anwesenden schon mal eine deutsche Waschmaschine gesehen habe. Und in der Tat: Hier gibt es Hot-Warm-Cold, Large-Medium-Small. That's it. In Deutschland dagegen ist die Bedienung einer Waschmaschine ein kompliziertes Experiment mit vielen Variablen ...

Das Goethe-Institut hier wurde nach der Olympiade 1996 privatisiert. Die Bundesrepublik sah keine Möglichkeit zur Fortsetzung ihres Engagements. Durch unterschiedliche Projekte und Sponsoren scheint sich das „German Cultural Center" unter der Leitung von Wolfgang Krüger heute ganz gut zu behaupten. Allerdings sagt er, die deutsche Sprache zu lernen, sei zweckgebunden. Französisch oder italienisch lernen ist emotional gebunden. „German is not sexy." Das verteilte Magazin hat Lena beim Grand Prix auf dem Titel: „Generation Einheit". Und die erste Reklame beginnt mit Jian Kang aus China, die erklärt: „Deine Aktien steigen kräftig mit einem Studium in Deutschland." Na dann! (www.studieren-in.de)

CANDLER SCHOOL OF THEOLOGY

Dienstag, 21. September

Black Churches

Die Emory-Universität hat an diesem Wochenende die „Black Churches Studies" gefeiert – seit 20 Jahren sind das besondere Studienprogramme, Förderprogramme auch, um afro-amerikanische Lehrende und Studierende explizit und auf Augenhöhe einzubinden. Mir kommt das fast merkwürdig vor, aber der Begriff wird so gebraucht: „black churches". Das Bewusstsein, wie sehr Integration auch heute noch ein Thema ist, bleibt hoch.

Am letzten Abend war ich zu einer Festveranstaltung eingeladen. Beim Dinner gab eine Sängerin hochemotional den Song „He saw the best in me" (Marvin Sapp, CD „Song of the Psalmist") zum Besten.

Ich habe Gelegenheit zu einem eindrücklichen Gespräch mit meinem Tischnachbarn. Er leitet Morehouse College, das College, das auch Martin Luther King besuchte, und ist einer der Gründer der „Black Church Studies at Candler". Es gab zu Beginn des letzten Jahrhunderts in Atlanta vier Colleges, je eines für schwarze und für weiße Frauen und Männer. Mir wird erklärt, dass die Präsidentschaftswahlen 1988 (George Bush sen. gegen Michael Dukakis) erstmals das Gewicht der schwarzen Kirchen wirklich sichtbar gemacht hätten. Candler School of Theology sei eine der wenigen theologischen Fakultäten, die jetzt rund 25 Prozent schwarze Mitglieder unter den Lehrenden und den Studierenden habe.

Besonders geehrt wird an dem Abend Dr. Teresa Fry Brown. Sie ist die erste schwarze Frau, die einen Lehrstuhl für Homiletik innehat. Ihre Tochter hält eine herzerwärmende Rede, eine ihrer Studentinnen ebenso. Höhepunkt des Abends ist die Rede meines

Tischnachbarn Dr. Robert Michael Franklin, Präsident von Morehouse College. Er listet zehn Punkte auf, die entscheidend seien für den „Zeitgeist". Zuallererst verstehe ich den Begriff gar nicht. Aber offenbar hat Martin Luther King „Zeitgeist" positiv gesehen als Definition und des Öfteren verwendet. Bei uns ist das ja eher ein ambivalenter Begriff, schon gar, wenn die Kirche sich nach ihm richtet. Das muss ich bei Martin Luther King nachlesen!

Franklin sagt, die Menschen in diesem Raum seien bewegt von der theologischen Herausforderung der „prosperity Gospel" (des Erfolgsevangeliums), der Frauenordination, für die Candler immer eingestanden sei, davon, das Schweigen zu brechen über HIV/AIDS. Ihm geht es um eine Auseinandersetzung mit den Megachurches, der Hip-Hop-Kultur – eine bewegende Rede! Allerdings denke ich auch: Du lieber Himmel, ich rede ja schon schnell, aber das alles handelt er in 20 Minuten ab. Dann kommt noch ein flammender Appell, die 650 000 Gefängnisinsassen aufzunehmen, die jedes Jahr in den USA entlassen werden, und eine Kurzexegese über die Legionenpassage (Lukas 8,30): „Und Jesus fragte ihn: Wie heißt du? Er antwortete: Legion. Denn es waren viele böse Geister in ihn gefahren." Dabei wird er immer enthusiastischer, die Versammelten antworten immer lauter mit: „Ja, so ist es. Amen." Sie strecken den linken oder rechten Arm in die Höhe. Nach knapp 30 Minuten tobt der Saal und der Redner verabschiedet sich …

Es gibt ein höfliches Ende des offiziellen Teils durch die Gastgeberin. Wer gehen will, darf gehen, wer bleibt, kann tanzen zu alter Rockmusik. Fast hätte ich ja Lust, zu bleiben, aber Jan meint, für uns sei es Zeit, zu gehen …

Mittwoch, 22. September

Madison

Einladung zu einem Ausflug nach Madison. Das ist wirklich ein nettes kleines Städtchen, laut Travel Holiday Magazine die „Number One Small Town in America". Keine Hochhäuser, sondern eine original erhaltene Architektur aus der Mitte des 19. Jahrhunderts. Madison ist so besonders, weil General Sherman die Stadt 1864 auf dem großen Marsch der Unierten von Atlanta nach Savannah nicht niederbrannte. Grund war Senator Joshua Hill, ein Freund von Shermans Bruder und Kongressabgeordneter in Georgia, der sich anders als die anderen Südstaatler gegen die Abspaltung und für die Union ausgesprochen hatte und in Madison lebte. Ansonsten ist der von Sherman angeführte „March to the Sea" der Unierten auch immer wieder Thema, weil offenbar schlicht alles, was in die Quere kam, niedergebrannt wurde. In Madison kommt das Gefühl auf, etwas zu ahnen vom Leben damals, als die Menschen von den Plantagen ins Zentrum kamen, hier ihre Stadthäuser hatten, sonntags zur Kirche gingen. Und es ist das erste Haus zu sehen, das ein schwarzer Amerikaner hier besitzen durfte. Sein Sklavenhalter hatte es ihm bei seinem Tod vermacht...

Donnerstag, 23. September

Todesstrafe

Heute ist Teresa Lewis mit der Giftspritze getötet worden, eine Nachricht, die viel diskutiert wird. Viele haben versucht, das noch zu verhindern. Angeblich hat sie zwei Männer angeheuert, ihren

Mann und ihren Stiefsohn zu ermorden. Die beiden Mörder wurden zu lebenslangen Haftstrafen verurteilt, einer beging im Gefängnis Selbstmord. Sie selbst hat einen IQ von 72 und gilt damit als an der Grenze zu geistiger Behinderung. Eine eingeschränkte Schuldfähigkeit wurde aber nicht akzeptiert.

Die Gefängnispfarrerin Lynn Litchfield hat im Times Magazine einen bewegenden Artikel über ihre Begegnungen mit dieser Frau geschrieben: „It was my feeling – at first fleeting, now certain – that this woman doesn't deserve to die." Sie ist die zwölfte Frau, die seit der Wiedereinführung der Todesstrafe in den USA 1976 hingerichtet wurde, die erste seit 98 Jahren in Virginia. Für mich ist unfassbar, dass der Staat beschließt, jemanden zu töten. Was ist mit dem fünften Gebot der Bibel - auf die sonst so viel gehalten wird hier?

Freitag, 24. September

Schusswaffen

Beim Mittagessen diskutieren wir über Schusswaffen. Du darfst sie in Georgia überall tragen, es sei denn, es steht eigens ein Schild an der Tür. Eine Polizistin, die hier einen Kurs belegt hat, kam nun mit Schusswaffe in die Uni. Das hat heftige Debatten ausgelöst. Der Professor ist empört, die Polizistin ebenso. Sie muss ihre Waffe laut Gesetz auch in ihrer Freizeit bei sich tragen. Einer am Tisch sagt, sein Vater sei beruflich viel unterwegs, selbstverständlich habe er immer eine Pistole im Auto. Das ist nicht zu fassen. All die Amokläufe scheinen da auch kein Umdenken auszulösen. Es wird als Teil der „Freiheit" gesehen, dass der Mensch eine Waffe haben kann, wenn er will.

Samstag, 25. September

Seminare

Die Seminare an der Universität sind ungeheuer intensiv. Ich habe ja ein bisschen „Freivogel"-Status und kann so in der theologischen Fakultät, aber auch in der deutschen, historischen, rechtswissenschaftlichen, medizinischen, psychologischen „reinschauen". Anders als für die Studierenden, die zunehmend Druck verspüren, Referate zu präsentieren und im November ihre schriftlichen Tests zu absolvieren, ist das eine wunderbare Freiheit. Selten konnte ich in den letzten Jahren so viel zuhören. Und natürlich ist es ein enormer Vorteil, in so kleinen Gruppen zusammen zu sein. Das ist schon sehr luxuriöses Lernen auf hohem Niveau. Bei meinem Schuljahr hier 1974 / 75 hat sich das für mich vor allem in Mathematik ausgewirkt. Bevor ich in das Internat an der Ostküste kam, schwankte ich zwischen Note vier und fünf. Als ich zurück kam, hätte ich am Ende eine mündliche Prüfung machen können, um von Note zwei auf eins zu kommen. Das Risiko habe ich dann allerdings gemieden …

Sonntag, 26. September

JFK

Morgen jährt sich die Wahl von John F. Kennedy zum US-Präsidenten zum fünfzigsten Mal. Das ist ein großes Thema hier, sein Name steht immer noch für eine Geschichte, die offenbar nicht wirklich zu den Akten gelegt ist. Manche sagen, hätte er zwei Wahlperioden als Präsident gestalten können und vielleicht auch noch sein Bruder Robert danach, sähen die USA heute anders aus. Mehr als die Hälfte der Bevölkerung heute ist aber nach 1960 geboren. Die Erinnerung wird daher schwächer. Mit Präsident Obama sehen viele das Erbe als angetreten an. JFK bleibt im Grunde ein Mythos.

Montag, 27. September – Samstag, 2. Oktober

Frauen und Frieden

Für den 29. September bis 2. Oktober wurde ich zu einer Konferenz zum Thema „Precarious Progress" (Unsicherer Fortschritt) nach San Diego eingeladen. Anlass ist das zehnjährige Jubiläum der UN-Resolution 1325 zu Frauen, Frieden und Sicherheit.

Eine beeindruckende Veranstaltung. Sie findet im „JKI", dem Joan Kroc Institut statt, benannt nach der Witwe des McDonald's-Gründers Ray Kroc. Sie hat 80 Millionen (!) Dollar gespendet, damit 2001 dieses Institut auf dem Campus der USD (University of San Diego, eine katholische Universität mit wunderschönem Campus und Meerblick) gegründet werden konnte. Im Institut gibt es ein Programm, das jedes Jahr für zwei Monate vier Friedensaktivistinnen einlädt. In diesem Jahr kommen die Frauen aus Simbabwe, Kenia, Liberia und den Philippinen. Dazu gibt es diese Konferenz mit 175 Teilnehmenden (90 Prozent davon Frauen) aus 48 Ländern.

Die vier Aktivistinnen kann ich am Vorabend bei einem privaten Essen treffen. Alle sind vor Ort engagiert. Am meisten beeindruckt mich Vaiba K. Flomo aus Liberia. In einer kleinen lutherischen Kirche hat sie mit anderen in der Hauptstadt Liberias die Bewegung in Gang gesetzt, die schließlich zum Frieden führte. Die Konferenz beginnt mit einem Film dazu: „Pray the devil back to hell." Es ist zum Teil grauenvoll zu sehen und zu hören, von welcher Brutalität dieses Land erschüttert war. Ich denke an die Geschichte einer Frau, die von jugendlichen Gangs gezwungen wurde zu singen und zu tanzen, während sie mit ansehen musste, wie sie ihrem Mann langsam die Kehle durchschnitten und ihre zwölfjährige Tochter vergewaltigten. Die Frau, die erzählte, sagt, jene Frau tanzt und singt noch immer, sie ist völlig traumatisiert.

Beeindruckend ist für mich, zu sehen, wie christliche und muslimische Frauen die religiösen Grenzen auch gegen die Skepsis ihrer leitenden Geistlichen überwinden und sich miteinander auf diesen Weg einlassen. Und es ist beeindruckend, wie mutig und kreativ Frauen Friedensprozesse schließlich in Gang setzten. Als beispielsweise die Friedensverhandlungen in Accra (Ghana) nach sechs Wochen stagnierten, blockierten engagierte Frauen die Tür, bis endlich etwas in Gang kam. Eine lange, tragische Geschichte endet so gut. 2005 wird mit Ellen Johnson-Sirleaf in Liberia eine Frau ins Präsidentenamt gewählt.

Frauen aus aller Welt berichten, wie sie versuchen, die Resolution 1325 umzusetzen. Auch wenn die Resolution eher unbekannt ist, trifft sie doch die Realität von Frauen. Weniger als drei Prozent aller Friedensverträge werden von Frauen unterschrieben. Und es gibt so viele Parallelen: ob Monica McWilliams aus Nordirland berichtet oder Manal M. Omar, eine Amerikanerin arabischen Ursprungs, aus Afghanistan und dem Irak (ihr Buch: „Barefoot in Baghdad"). Sie sagt, es gebe nicht „das" islamische Recht. Dies habe eigentlich einen großen Vorteil, weil das Recht flexibel und dynamisch sei. Der Nachteil: Von Ort zu Ort könne die Interpretation verschieden sein. Deshalb sei es wichtig, vor Ort im Gespräch zu sein, den

Wie sich die Zeiten ändern!

Sonntag, 3. Oktober

Als die ersten deutschen Siedler Ende des 19. Jahrhunderts kamen, fanden sie das Land wertlos …

Joan B. Kroc
Peace & Justice
of Peace Studies
NATIONAL
HISTORIC LANDMARK
THIS SITE POSSESSES NATIONAL SIGNIFICANCE
IN COMMEMORATING THE HISTORY OF THE
UNITED STATES OF AMERICA
1993
NATIONAL PARK SERVICE
UNITED STATES DEPARTMENT OF THE INTERIOR

Frauen überhaupt Zugang zu geben, damit sie wissen, was in der Scharia steht.

Auf dieser Konferenz kommen Frauen zusammen, die in ihren Heimatländern für den Frieden eintreten, und Frauen, die sich in den Institutionen engagieren. UNIFEM etwa berichtet, wie versucht wird, endlich Daten und Fakten zu haben, um den Prozess zu überwachen, Indikatoren für Berichte zu finden, auszuwerten. Andere Frauen berichten über NAPs (National Action Plans) etwa in Nepal und Sierra Leone, um umzusetzen, was die eigene Nation in der UN mit beschlossen hat. Wieder andere berichten über den Kampf gegen Kleinwaffen. Eine Frau aus dem Kongo sagt, allein in der Region der Großen Seen dort werde ihre Zahl auf drei Millionen geschätzt (peacewomen.org).

In einem Workshop zu Afghanistan berichten Frauen, dass einiges zwar besser geworden sei: Laut Verfassung sitzen 25 Prozent Frauen im afghanischen Parlament (im amerikanischen Kongress sind es weniger!). Die zunehmende Militarisierung aber verschlechtere die Situation der Frauen ständig, sie seien nun fast so eingeengt in ihrer Bewegungsfreiheit wie zu Taliban-Zeiten und Mädchenschulen seien zunehmend verschlossen. Wie soll Frieden werden in so einer Situation?

Diskutiert wird der Vorschlag, Frauen Asyl in westlichen Ländern zu geben, die sich in der Hoffnung auf die Versprechungen westlicher Nationen für Demokratie eingesetzt haben. Etwa Parlamentarierinnen, die anders als ihre gefährdeten Kollegen keine gepanzerten Wagen haben. Oder die Polizistin, die ein Europäer ausgebildet hat und auf deren Schreibtisch ein Foto steht, auf dem Hillary Clinton ihr die Hand schüttelt. Wenn die westlichen Truppen abziehen, könnte das ein Todesurteil für sie bedeuten. Aber ist es nicht auch wichtig, dass diese Frauen im Land bleiben? Eine Iranerin setzt sich vehement dafür ein. Im Iran habe man die Opposition entweder getötet oder außer Landes gehen lassen. Das mache es heute so schwer, oppositionelle Plattformen zu entwickeln.

Eine heftige Debatte gibt es über die Konditionalisierung von Hilfe. Sollen Geldgeber Bedingungen für ihre Hilfeleistungen setzen? Einige finden, das sei ein gutes Mittel, Druck auszuüben, andere sagen, das sei eine völlig falsche Haltung. Letzten Endes gehe es darum, die lokalen Kräfte einzubinden, sensibel zu sein für das, was sich vor Ort tut.

Internationale Gesetzgebung ist nicht opferzentriert. Und wenn schon über Kindersoldaten kaum gesprochen wird, dann noch weniger über Mädchen als Kindersoldaten. Der ICC, der Internationale Gerichtshof in Den Haag, wird positiv gesehen, aber es wird eine höhere Sensibilität für die besonderen Erfahrungen von Frauen gefordert. Eine Palästinenserin sagt, die Gesetze sind alle da, die UN-Resolution 1325 enthält, was wir brauchen, aber es muss auch angewandt werden. Viele versuchen, das mit nationalen Aktionsplänen zu tun.

Initiativen zeigen das Bemühen, Krisen, die vorhersehbar sind, zu lösen. Aber sie interessieren die internationale Politik nicht. Gehandelt wird oft erst, wenn oder nachdem der Konflikt gewalttätig ausbricht wie in Ruanda oder im Kosovo.

Viel ist die Rede davon, was nach einem bewaffneten Konflikt geschieht. Wer sorgt für Trauma-Behandlung, die Aufarbeitung und Erinnerungsarbeit? Verfolgung der Täter spielt eine große Rolle. Teilweise wird Vergewaltigung aber nicht als Folter angesehen und in der Aufarbeitung des Konflikts schlicht ignoriert. Frauen werden nach einem Konflikt selten an Strategien zur Konfliktbewältigung und -aufarbeitung beteiligt und gerade wenn Hilfsleistungen kommen, entsteht oft Korruption, Ringen um Posten und wenig Hilfe kommt bei den Frauen und ihren Kindern direkt an. Frauen werden selten zu Leiterinnen internationaler Friedensinitiativen gemacht, wo sie wesentlich stärker auf die Bedürfnisse von Frauen achten.

Eine Inderin, die 2008 in Uniform eine Friedenstruppe von 90 Frauen und 8 Männern nach Liberia brachte, spricht über Frauen in Uniform und plädiert dafür, alle Friedensmissionen mit mindestens 40 Prozent Frauen zu besetzen, weil dann die Truppen nicht so leicht selbst zu Tätern werden.

Vergewaltigung von Mädchen und Frauen, Vergewaltigungen vor den Augen der Ehemänner oder Kinder sind ein Thema, das aus allen Ecken der Erde berichtet wird. Auch bewusste Ansteckung mit HIV/AIDS, grauenvolle Folter. Die langfristigen Folgen, wenn eine Vergewaltigung zu Schwangerschaft führt...

Tolle Projekte aber auch! Spezifische Aufmerksamkeit auf besondere gesundheitliche Bedürfnisse für Frauen. Bildungsprogramme. Ich fühle mich privilegiert, hier in San Diego all diese Frauen kennenzulernen. Von ihrem Engagement und Mut bin ich beeindruckt. Und mir wird wieder einmal klar, dass es für Frieden ganz andere Wege, viel mehr Geduld braucht als Waffeneinsatz. Wer glaubt, mit Waffen schnell und schlicht Frieden zu schaffen, weiß wenig von den Konflikten dieser Welt. Und wenig davon, mit wie viel Kreativität Frauen in aller Welt für Frieden eintreten, zum Beispiel auch das Heilen von Erinnerungen zum Thema machen. Kriege und Friedensverhandlungen werden immer noch als Männersache angesehen. Dabei sind doch Frauen und Kinder stets die ersten Opfer! Ihre Bedürfnisse gilt es, im Auge zu behalten.

Sonntag, 3. Oktober

San Diego

Während der Woche in San Diego konnte ich bei Bill und Pattie Harman wohnen. Bill ist seit fast zwanzig Jahren im internationalen Komitee des Kirchentages engagiert, ich kenne ihn seit 1994.

San Diego ist eine wirklich ganz andere Stadt als Atlanta. Es ist das Surferparadies mit einer atemberaubenden Küste. Alles scheint sich hier ums Surfen zu drehen. Es gibt sogar Straßenschilder, die vor Surfern warnen, die über die Straße gehen. Wir gehen morgens am Strand joggen und die Surfer sind schon da, egal wie früh. Es heißt, Surfen sei kein Sport, sondern ein Lebensstil. Manche sagen, es sei sogar eine Religion. Wie sagte Luther: „Woran du dein Herz hängst, das wird dein Gott sein … " Ich bin erstaunt, dass nicht nur junge Männer surfen, sondern auch Frauen und Ältere. Im Strandbereich gibt es viele Bänke, die an Surfer erinnern, die verstorben sind durch einen Unfall – ungefährlich ist der Sport nicht! – oder durch eine Haiattacke.

Am Strand sind viele Häuser sehr dicht an die sandige Steilküste gebaut, die erodiert. Ein Tempel und ein Haus sind bereits abgestürzt. Manche haben enorme Mauern und Betonkonstruktionen gebaut, damit ihr Haus nicht gefährdet ist. Und viele streiten offenbar mit dem Staat, wer dafür aufkommen muss. „Wer sein Haus auf Sand baut … " Bill erzählt, dass diese Häuser heute Millionen wert sind. Als die ersten deutschen Siedler Ende des 19. Jahrhunderts kamen, fanden sie das Land wertlos. Zu viel Sand. Die Eisenbahn wurde sehr dicht an die Küste gebaut, weil man sich nicht vorstellen konnte, dass dort jemand wohnen will. Wie sich die Zeiten ändern! Heute schätzen viele dieses wunderbare

Klima: nicht zu heiß, nicht zu feucht und das ganze Jahr nie unter 16 Grad.

San Diego ist geprägt von der mexikanischen Geschichte. In einem Park unter einer Autobahn ist das eindrücklich wahrzunehmen. Die Befreiungsbewegung hat ein sehr eigenes Symbol und auf einem Bild ist unter der Überschrift „Terra mia" zu sehen, wie Amerikaner mexikanischer Abstammung die Territorien von USA und Mexiko aufgeteilt sehen. Es gibt einen Platz, auf dem aztekische Kulturfestivals stattfinden. Und es gibt Orte, an denen illegal hier lebende Mexikaner stehen und auf Arbeit warten. Wer jemanden braucht, ob zum Erdbeeren pflücken, zum Haus bauen oder um das Kino zu putzen, findet hier Arbeitskräfte. Ohne Sozialversicherung, versteht sich. Ich denke an die Arbeiter im Weinberg, die am Straßenrand stehen und warten, dass sie angeheuert werden.

Ein Besuch an dem berühmt-berüchtigten Grenzzaun ist eindrücklich. Bill erzählt, dass es verboten ist, irgendetwas hindurch zu reichen. Um dagegen zu protestieren, haben Pfarrer auf beiden Seiten gemeinsam einen Abendmahlsgottesdienst gefeiert und sich Brot und Wein durch den Zaun gereicht. Die Sicherheitskräfte wagten nicht, einzugreifen. Als wir zur Grenze fahren, will Bill mir den „Garten der Freundschaft" zeigen. Es ist ein wirkliches Wüstengelände, niemand weit und breit zu sehen. Die Webseite informierte, es sei von 9.00 Uhr bis 16 Uhr geöffnet, aber eine Schranke sagt etwas anderes. Wir laufen also. Nach ungefähr einer Meile hält uns ein Polizeifahrzeug an. Die Straße sei gesperrt. Wenn wir denn unbedingt wollten, könnten wir den weiten Umweg von mehr als zwei Kilometern über den Strand gehen. Das ist wahrhaftig weit, mühsam, sandig, heiß. Wir kommen endlich an. Hohe Mauern,

Grenzzäune im Wasser, zu Lande, soweit das Auge reicht. Es erinnert mich an die Grenze zur DDR. Bill sucht den Freundschaftsgarten und findet ihn nicht. Dort haben sich früher Mexikaner und Amerikaner getroffen, mexikanische Arbeiter konnten ihre Familien sehen, Pat Nixon, Ehefrau des Präsidenten, hat 1971 hier eine Statue zum Thema eingeweiht. Jetzt allerdings sind nur Öde und Wüste zu sehen, Tohuwabohu, biblisch gesprochen. Wir wagen es, den normalen Weg zurück zu gehen. Das sind ungefähr 800 Meter, nichts hindert uns. Ich fasse es nicht, dass der Grenzschützer uns belogen hat. Bill meint, sie wollen einfach nur Leute davon abhalten, zur Grenze zu gehen.

Auch diese Stadt ist beeinflusst von allen möglichen religiösen Bewegungen. Es gibt hier pro Einwohner mehr Yogaschulen als irgendwo sonst auf der Welt. Besonders ungewöhnlich finde ich die „Self Realisation Fellowship". Sie haben einen wunderbaren Garten oberhalb der Küste, Blumen, Teiche, Fische. Ihr Gründer Paramahansa Yogananda ist allgegenwärtig. Es geht wohl um eine Mischung von Christentum und Buddhismus. Auf jeden Fall kaufe ich sein Buch „Der Yoga Jesu". Es heißt, darin erkläre er, dass „Jesus den Yoga nicht nur selbst kannte, sondern diese universale Wissenschaft der Gottverwirklichung auch an seine eigenen Jünger weitergab". Hm ... Aber ich werde es lesen.

Und dann gibt es Gefährdungen dieser Idylle. Die Buschfeuer sind vor fünf Jahren so dicht an das Haus von Pattie und Bill in Encinitas gekommen, dass sie evakuiert wurden. Aber das berichten sie ebenso ruhig wie die Vorbereitungen für das große Erdbeben, das erwartet wird. Kleinere Erdbeben gibt es immer wieder und die Vorhersage erklärt, ein großes werde in absehbarer Zeit kommen. Also haben die Haushalte Wasser- und Essensvorräte, Taschenlampen etc. angeschafft. Für den Ernstfall gibt es auch Vorbereitungen, im Freien zu übernachten.

Kurzum: San Diego hat ein ganz eigenes Lebensgefühl.

Montag, 4. Oktober

Feier zum Jahrestag der Deutschen Einheit

Dr. Lutz Görgens, der Generalkonsul der Bundesrepublik Deutschland, hat zum Empfang gebeten. Irgendwie berührt es mich schon, als von einem Orchester – guter Posaunenchor! – erst die westdeutsche, dann die ostdeutsche Nationalhymne gespielt werden. Das ist Geschichte! Und ich konnte sie miterleben. Görgens hält eine knappe und prägnante Rede. Kongressabgeordneter John Lewis erklärt, die DDR sei vom civil rights movement in den USA inspiriert gewesen (so ganz sicher bin ich mir da nicht). Er wünsche jedem Amerikaner eine Chance, Deutschland zu besuchen. Nun sei die Aufgabe, in dem einen Haus Erde miteinander zu leben. Einverstanden! Ein netter Abend ...

Dienstag, 5. Oktober

Kudzu

Es ist nur ein Nebenschauplatz, aber bei meinen täglichen Radtouren zur Universität fällt es mir immer wieder auf: Kudzu! Das ist eine furchtbare Pflanze, die vor rund 50 Jahren als Viehfutter aus Japan importiert wurde. Sie überwuchert schlicht alles, wenn sie erst mal Fuß gefasst hat. Ihr natürliches Verbreitungsgebiet liegt in Asien, Ostindien, Myanmar, China und Korea. 1935 wurde sie aus Anlass einer Ausstellung erstmals nach Philadelphia eingeführt. Landwirte wurden ermutigt, sie für Futterzwecke anzubauen. Aber der Segen wurde zum Fluch. Wo die Pflanze hier einmal Wurzeln schlägt, wächst nichts anderes mehr...

Mittwoch, 6. Oktober

Gesundheit

Der Oktober ist hier nationaler Monat der Aufmerksamkeit für Brustkrebs. Viele Menschen tragen rosa Schleifen, an einem Hotel prangt eine riesige, im Supermarkt wird jeder an der Kasse gefragt, ob man einen Dollar mehr zahlt für die Kampagne. Solche öffentliche Bewusstseinsbildung ist gut, finde ich. Ich komme mit einer Dame an der Hotelrezeption darüber ins Gespräch. Sie trägt die rosa Schleife. Die Mutter hat Brustkrebs. Sie ist schon über achtzig und die Chemotherapie ist sehr teuer, deshalb überlegen sie, ob sich das lohnt. Als ich gefragt werde, was ich davon halte, und sage, dass ich 2006 selbst an Brustkrebs erkrankt bin, sagt die Dame: „Congratulations, so you are one of the survivors!“ Hm. So habe ich das nie gesehen. Aber in den Fernsehspots zum Thema werden viele „Überlebende“ präsentiert.

Ähnlich ist die Kampagne zur Grippeimpfung. Allüberall kann man sich impfen lassen. Auf dem Flughafen, in der Universität, in der Apotheke. Kostenpunkt: 18 bis 26 Dollar. In der Universität ist es für Studierende umsonst. Viele tun das, weil sie Angst haben, Grippemedikamente kaufen zu müssen – die sind teurer als die Impfung. 45 Millionen Amerikaner haben keine Krankenversicherung!

Obamas Gesundheitsreform ist ja nur ein allererster Anfang... Viele Republikaner sind dagegen, weil sie das Gefühl haben, dann werden die Armen von ihren Steuergeldern bezahlt. Es ist wieder dieses merkwürdige Verhältnis zum Staat, das sich da ausdrückt.

Es wird geschätzt, dass bis zum Jahr 2050 jeder dritte Amerikaner Diabetes hat. In New York ist das schon jetzt der Fall.

Einige Amerikaner sind fanatisch in Sachen Gesundheit. Da wird gejoggt und trainiert, kein Hotel ohne Fitnesscenter. Andere sind ungeheuer nachlässig. Die Übergewichtsfrage scheint aber in der Stadt sehr viele zu betreffen. „Obese" ist der Ausdruck für Fettsucht als Krankheit. Wer beobachtet, was bei McDonalds, Wendy, Kentucky Fried Chicken alles in sich reingestopft wird, den oder die wundert nichts mehr. Allüberall gibt es sie, keine Autobahnausfahrt ohne Waffel House und Burger King. Fast ergibt das den Eindruck, die größte Angst sei, irgendwo zu landen und nichts zum Essen zu finden.

Donnerstag, 7. Oktober

Gott und Amerika

Leitartikel in USA Today ist „Wie Amerika Gott sieht". Es geht um eine neue Untersuchung, die nachweist, dass neun von zehn Amerikanerinnen und Amerikanern erklären, an Gott zu glauben. Das Gottesbild aber spiegele die jeweilige Einstellung zu Wirtschaft, Gerechtigkeit, Moral. Die an der Baylor-Universität durchgeführte Studie hat den bezeichnenden Titel: „Was wir über Gott sagen und was das über uns sagt“. Da sind diejenigen, die zu einem autoritären Gott beten – sie werden politisch im rechten Lager der Sarah Palin angesiedelt. Diejenigen, die zu einem gnädigen Gott beten, werden eher im Lager von Präsident Obama gesehen. Die Armen im Land sehen Gott als kritisch, Gerechtigkeit fordernd. Die Frage scheint zu sein: Prägen unsere Lebenserfahrungen unser Gottesbild oder prägt unser Gottesbild unsere Wahrnehmung der Wirklichkeit?

Freitag, 8. Oktober

Columbia Seminary

Eingeladen war ich zur Predigt im Morgengottesdienst am Columbia Seminary. Das ist ein sehr schöner, eher britisch anmutender Campus. Kim Long, „assistant professor of worship“, die Professorin, die mich abholt, sagt, die Ausbildungsstätte habe ein Drittel der Größe von Candler. Für sie sei besonders anregend, dass viele Ältere dabei seien, die erst nach Jahren in einem anderen Beruf eine Berufung zum Pfarrer oder zur Pfarrerin gespürt hätten. Es gibt vier theologische Seminare in Atlanta: Die Candler School of Theology, das Columbia Seminary, MacAffee und das International Theological Center. Das ITC ist ein Zusammenschluss historischer schwarzer Seminare. Ich frage, ob das nicht rassistisch sei, es so zu bezeichnen. Mir wird gesagt, in diesem Fall sei die kulturelle Nähe wichtiger als die konfessionelle Differenz. Was heißt das eigentlich mit Blick auf theologische Fragen? Gesprächsthema ist auch ein Interview mit der Königin von Jordanien im Fernsehsender CBS.

Bildung, Bildung, Bildung

Mittwoch, 13. Oktober

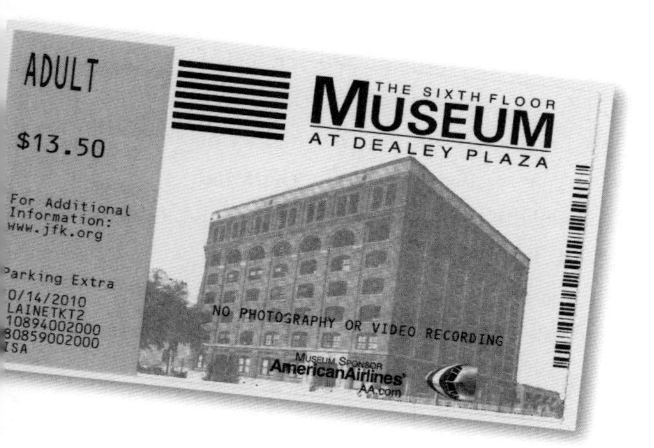

Eltern legen früh ein Sparbuch für die Ausbildung an, schon bei der Geburt des Kindes. Viele verschulden sich durch das Studium …

Das war wirklich erstaunlich! Sie ist sehr eloquent in Englisch, lobt Amerika und plädiert zugleich dafür, nicht alle Muslime in einen Topf zu werfen. Alle Achtung, muss ich sagen, das ist eine Vermittlerin zwischen den Kulturen.

Samstag, 9. Oktober

Kreditkarten und unregelmäßiges Benehmen

Kreditkarten sind hier immer wieder Thema, es gibt ihn längst, den gläsernen Konsumenten, vor dem wir uns in Deutschland so manches Mal fürchten. Peter Soderberg, Politikprofessor und Ehemann der Dekanin der theologischen Fakultät, erzählt mir, dass Kreditkarten registrieren, wenn ihre Inhaber plötzlich ungewöhnliche (finanzielle) Bewegungen machen. Ein Beispiel war, dass er drei Gutscheine über 150 Dollar kaufte. Als er im Supermarkt bezahlen wollte, war die Kreditkarte gesperrt. Die Bank war auf seinem Anrufbeantworter mit der Frage, ob alles in Ordnung sei. Das sei ihm jetzt schon mehrfach passiert. Alles, was außerhalb des gewohnten Konsumentenverhaltens läuft, kann zur Sperrung führen. Nun hab ich neulich bei IKEA in Berlin ein Billyregal gekauft. Das würde sicher auch als ungewöhnliche, vom Normalen abweichende Transaktion wahrgenommen und zur Sperrung der Karte führen – zur eigenen Sicherheit vor Missbrauch und Diebstahl wohlgemerkt. Peter sagt: Aber klar! Unsere Kreditkarte registriert also, ob wir uns „normal" verhalten – ein unangenehmes Gefühl von Überwachtwerden. Und ich finde auch merkwürdig, dass so ja eigentlich die Freiheit eingeschränkt wird, sich mal anders zu verhalten. Ob der Datenschutz das bei uns erlauben würde?

Ach ja, und dann erwischt es mich ganz schnell. Ich buche ein Hotel in Savannah per Kreditkarte. Keine zehn Minuten später ruft die Bank an und fragt, ob ich das auch war. Und fragt gleich auch noch, ob ich gestern wirklich im Lebensmittelladen 26,15 Dollar und im Bookstore 13,80 Dollar ausgegeben habe. Die Amerikaner finden das alle gut, weil so ihre Kreditkarte nicht missbraucht werden kann. Mir ist das eher unheimlich.

Sonntag, 10. Oktober

Carlos Museum

Auf dem Universitätsgelände gibt es ein kleines, aber feines Museum. Zurzeit ist dort eine Ausstellung zu islamischer Kalligraphie von 1600 bis 1900 zu sehen. Es bewegt mich, islamische Frömmigkeit dieser Art zu sehen, die übrigens von Männern wie von Frauen betrieben wurde.

Montag, 11. Oktober

Kirche und Geld

Zwei Professoren, die ein Seminar anbieten, veranstalten eine Umfrage: Sollen Pastoren wissen, wer die Hauptgeldgeber in ihrer Gemeinde sind? Dahinter steht die Frage: Wie verhält es sich mit Kirche und Geld?

Zum einen wird sehr offen und viel über Geld geredet. Anders als bei uns. Überall gibt es Stiftungsnachweise, auf einer Bank auf dem Gelände, an einem Gebäude, an einem Teich, weil jemand ihn zu Ehren der Tochter angelegt hat. Zum anderen wird dann geheim gehalten, welches Gehalt der Kirchenvorstand dem Pastor zuweist. Irgendwie ist mir dann doch lieber, dass bei uns die Zentrale oder das Landeskirchenamt jedem Pfarrer, jeder Pfarrerin gleiches Gehalt zahlt, ob im Wendland oder in Hannover, ob in Berlin oder in Ostfriesland. In den USA gibt es große Unterschiede!

Dienstag, 12. Oktober

Friedensfragen

Jeden Dienstag gibt es eine kleine Demonstration gegen den Irak-Krieg auf dem Campus. Täglich würden dort 720 Millionen Dollar verbraucht... Als ich erzähle, dass wir in Deutschland diskutiert haben, ob in Afghanistan Krieg herrsche, gibt es Kopfschütteln: „Natürlich ist das Krieg, was denn sonst?"

Mit gelben Schleifen an Autos oder in Vorgärten wird an die Soldaten im Ausland gedacht. Zweimal beim Landen mit Delta Airlines hieß es am Ende: „Ein besonderer Dank an die Soldatinnen und Soldaten, die unsere Sicherheit verteidigen!" – und es folgte Applaus. Außenministerin Hillary Clinton sagt im Fernsehen klar, sie wünsche sich, dass die Feinde in Afghanistan getötet oder verhaftet werden – in dieser Reihenfolge wohlgemerkt. Und sie ist Demokratin! Sie verstehe, sagt sie, dass Präsident Karsai Sorge habe, dass die Bevölkerung wegen der nächtlichen Durchsuchungen gegen die Amerikaner aufgebracht werden könne, aber das sei nun einmal Teil der Strategie, da gebe es leider immer wieder unschuldige Opfer. Puh …

In USA Today werden übrigens regelmäßig die Toten benannt und gezählt: Bis heute wurden im Irak 4 415 Soldaten und 13 US-Zivilisten getötet wurden, in Afghanistan 1 215 Soldaten und die letzten Namen sind Cody A. Board (19), Karl A. Cambell (34), Ryane G. Clar (22), Daniel J. Johnson (23), Scott A. Lynch (22). Ich finde kaum erträglich, dass das eine schlichte regelmäßige Rubrik ist. Und wenn das schon so ist, würde ich gern auch die irakischen und afghanischen Opfernamen wissen …

Mittwoch, 13. Oktober

Wie funktioniert eine Universität?

Mittagessen mit Professor Peter Höyng. Er ist in Deutschland geboren, über Umwege in die USA gekommen, hat heute die doppelte deutsch-amerikanische Staatsbürgerschaft und leitet die Deutsch-Abteilung im Emory College.

Amerikanische Studierende gehen nach der High School erst einmal als Undergraduates ans College. Sie studieren dann auch nicht Jura oder Theologie oder Medizin, sondern „liberal arts“, freie Künste. Das ist eine Art Grundstudium oder Bachelorstudiengang, der vier Jahre dauert. Es sind ungefähr 16 000 Bewerbungen pro Jahr, von denen am Ende 1 350 genommen werden beziehungsweise das Angebot, das man ihnen macht, annehmen. Die ersten beiden Jahrgänge (freshman and sophmore) der Undergraduates müssen auf dem Campus wohnen (einige von ihnen bevorzugen dabei die beschriebenen griechischen Verbindungen). Erst danach mit dem Abschluss

Bachelor of Arts oder Bachelor of Science spezialisiert sich ein Teil der Studierenden auf Theologie, Jura, Medizin und so weiter. Und da wechseln dann viele die Universitäten, versuchen in ihren Bewerbungen, an einer möglichst renommierten zu landen.

Staatliche Universitäten haben bis auf wenige, wie die University of California oder University of Michigan oder Ohio State University, ein wesentlich geringeres Renommee. Ich frage mich allerdings, wie Eltern das finanzieren, wenn das Kind kein Stipendium hat! Bei vier Kindern hätte ich mich da total überschuldet. Es geht um 38 600 Dollar Studiengebühren pro Jahr an der Emory University. Das Studentenwohnheim für Graduates, in dem ich wohne – sicher eines der besseren –, kostet 680 Dollar pro Monat. Dazu kommen Unterhalt, Bücher, Reisekosten. Alles in allem gibt die Universität pro Jahr 53 556 Dollar nur für Studiengebühren und Unterkunft als Fixkosten an. Viele der Graduates haben zudem ganz offensichtlich ein eigenes Auto. So legen Eltern früh ein Sparbuch für die Ausbildung an, schon bei der Geburt des Kindes. Viele verschulden sich durch das Studium. Und viele Studierende sind unter Druck, es möglichst gut zu schaffen …

Bildung ist ein ganz zentrales Thema in diesem Land. Es ist absolut entscheidend für die Zukunft. Das zeigt auch die Werbung im Fernsehen. Alles Mögliche wird da angeboten. Weiterbildung online, Universitäten, Kurse, Seminare. Aber alles kostet Geld. Auch wenn es in Deutschland jetzt Studiengebühren gibt – Bildung ist immer noch allen zugänglich. Allerdings ist das Stipendien-System in den USA wesentlich besser ausgebaut. Emory sagt in der Eigenwerbung, dass sie Studierende annehmen, ohne zu schauen, ob sie zahlen können. Und dann wird versucht, zu finanzieren. Stipendien sind Normalität. Und leistungsbezogene Förderung auch. Die

Universitäten konkurrieren heftig um die leistungsfähigsten Studierenden. Das verändert das System.

Die Emory University ist die größte Arbeitgeberin in Atlanta. Da wird eine Universität zum Wirtschaftsfaktor. 23 541 Menschen sind hier angestellt, 3 600 davon im Bereich Lehre. Und die Universität konkurriert nicht nur mit anderen Unis um Studierende, es muss auch ständig Geld durch Sponsoren beschafft werden. So braucht die theologische Fakultät im Moment mehr als 20 Millionen Dollar, weil ein asbestverseuchtes Gebäude abgerissen und neu gebaut werden muss. Die Dekanin besucht Wohlhabende, die Interesse haben könnten. Sollte jemand die Hälfte des Neubaus bezahlen, darf er das Gebäude benennen. Viele Gebäude haben so einen Namen wie R. Howard Dobbs University Center, Robert W. Woodruff Library oder William R. Cannon Chapel.

Mir imponiert schon, wie hier versucht wird, Freiheit und Wettbewerb, Gleichheit und gezielte Förderung in ein Programm umzusetzen. Aber doch ist die Frage, wie junge Leute aus nicht so erfolgreichen Familien hier zurechtkommen. Eine Kreideaufzeichnung auf dem Campus zeigt das Problem: Nur einer von zehn Studierenden aus Familien mit geringem Einkommen wird den Abschluss schaffen …

Donnerstag, 14. Oktober

Stone Mountain

Ausflug nach Stone Mountain. Es ist einer der großen State Parks in den USA, eine halbe Stunde von Atlanta entfernt. Stone Mountain ist ein riesiger Granitfelsen, angeblich der größte frei liegende der

Welt. Er erinnert mich an den Uluru, das Heiligtum der Aborigines in Australien, das ich vor 20 Jahren besucht habe. Allerdings ist die Landschaft hier völlig anders. Nicht rote Sandwüste, sondern ein atemberaubender Blick über buntgefärbtes Laub und im Hintergrund ganz entfernt ist die Skyline von Atlanta zu sehen.

Ob der Berg auch für die Ureinwohner ein Heiligtum war, kann ich nicht herausfinden. Allerdings wurde er zu einer Gedenkstätte für die Konföderierten und eine Art „Heiligtum" für den Ku-Klux-Klan. Nach langen Vorarbeiten wurde 1970 an der Nordwand ein riesiges Relief fertiggestellt. Es zeigt drei „Helden" der Konföderierten: Präsident Jefferson Davis und die Generäle Thomas Jackson und Robert E. Lee. Der Ku-Klux-Klan hat hier offenbar immer wieder Zeremonien abgehalten. So beispielsweise am 25. November 1915, als die Männer in Kapuzenumhängen sich versammelten und ein methodistischer Prediger, William Joseph Simmons, einen Eid als „Grand Wizard" leistete. Wie das mit dem Christentum vereinbar sein soll, ist mir schleierhaft.

Freitag, 15. Oktober

North Point Community Church

Gern nehme ich eine Einladung an, in einen ganz besonderen Gottesdienst mitzukommen. Die „North Point Community Church" (www.northpoint.org) ist „non-denominational". Bei uns ist das wenig vorstellbar, aber hier gibt es viele solche Kirchen. Sie sehen sich nicht in Zusammenhang mit einer im traditionellen Sinne zu definierenden Konfession an. Sie bieten Gottesdienste an; und diese Gemeinde, die ich besuchen wollte, hat offensichtlich große Anziehungskraft. Gefeiert wird in einer Halle, die von außen gesehen auch ein Supermarkt sein könnte. Viertausend Menschen finden hier Platz und es wird jeden Sonntag um 9 Uhr, um 11 Uhr und um 12.45 Uhr voll. Als wir ankommen, werden wir freundlich begrüßt als Langschläfer, die man trotzdem nett fände: „We love those who sleep in!" Gut, schämen müssen wir uns also nicht für den späten Kirchgang.

Pastor Andy Stanley ist der Sohn eines bekannten Predigers, der mit anderen dieses Konzept entwickelt hat. Wie vieles andere in den USA finde ich es interessant und merkwürdig zugleich. Zum einen: Dieser Gottesdienst ist wie eine Show, die du beobachtest. Absolut gut durchdacht, klares Zeitmanagement. Es gibt eine Einführung und eine Kollekte. Wer zum ersten Mal da ist, muss nicht spenden :-). Dann gibt es heftige Rockmusik, die mich an Grönemeyer erinnert: „Sie mag Musik nur, wenn sie laut ist." In der Tat, der Boden bebt und der Fuß wippt mit. Der Refrain: „Our God is stronger, our God is greater!" Danach ein etwas seichteres, aber immer noch sehr rockiges Glaubenslied.

Anschließend wird auf den gigantischen Leinwänden links und rechts eine Frau gezeigt, die erklärt, wie der Glaube an Jesus Christus ihr Leben verändert hat. Sie erscheint dann live rechts oben auf einer Art Balkon, der ein Schwimmbecken ist und wird von einem Hilfspastor untergetaucht und damit wiedergetauft. Die Gemeinde klatscht. Das würden wir nun als baptistisch ansehen, als Wiedertaufe. Zwischen den großen Konfessionen in Deutschland hat es gerade erst eine Vereinbarung gegeben, dass die Taufe einmalig ist und gegenseitig anerkannt wird. Aber wenn ich damit anfangen würde, käme sicher das Argument, sie könne sich an ihre Säuglingstaufe nicht erinnern und brauche die eigene Erfahrung.

Es folgt die Predigt von Andy Stanley. Er hat den Prediger Salomo als Text. Viele Menschen schreiben mit. Andere haben die Bibel aufgeschlagen. Es bleibt eine etwas distanzierte Atmosphäre, aber mich beeindruckt schon, wie dieser Mann den Text in den Mittelpunkt stellt, der auf der Leinwand ständig präsent ist, und ohne Skript 40 Minuten lang redet. Das ist rhetorisch beeindruckend. Er holt die Leute bei ihrem Leben ab und bringt es mit der biblischen Erfahrung in einen Zusammenhang. Mir wird gesagt, dass in solchen Gemeinden solche Pastoren nur für die Predigt angestellt sind. Sie müssen sich nicht um Verwaltung, Finanzen etc. kümmern. Das wäre für manchen Pastor, manche Pastorin in Deutschland durchaus eine Befreiung, sich ganz aufs Predigen konzentrieren zu können.

Pastor Stanleys Botschaft: Unser kleines Leben macht oft keinen Sinn „unter der Sonne“ (Prediger 3,11). Aber angesichts Gottes Ewigkeit sieht es ganz anders aus! Im Leben „unter der Sonne“ sehen wir Unrecht und Bosheit und fragen uns, was das soll. Aber wenn wir Gott fürchten und seine Gesetze halten (12,13), bekommt alles eine andere Dimension. Am Ende gibt es die Aufforderung an Studierende, sich an die Gebote zu halten. Singles sollen sich nicht darin verzetteln, einen Partner zu finden, als ob das den Lebenssinn ergäbe. Verheiratete sollen nicht Auto und Job im Zentrum sehen, sondern sich Zeit nehmen für die Familie. „Empty nesters“ – den Begriff höre ich zum ersten Mal – sollen nicht einfach Golf spielen, sondern sich einbringen und ihre Erfahrungen fruchtbar machen. Dann wird eingeladen zu Kleingruppen, die das alles in der Woche vertiefen. Hauskreise sozusagen.

Am Ende betet Pastor Stanley kurz und die Rockband bringt noch einen Song, der davon redet, was es heißt, fünfzehn, vierundvierzig, sechzig oder hundert Jahre alt zu sein. Der Mensch soll bewusst leben. Nach exakt einer Stunde ist der Gottesdienst zu Ende. Die Predigt war gut, rhetorisch sehr respektabel. Aber mich stört: Wir haben zugeschaut, Beteiligung war nicht vorgesehen. Wir konnten nicht singen, sondern haben eine Bühne beobachtet. Die Gemeinde war sicher eher weiße Mittelklasse. Merkwürdig, darauf überhaupt zu schauen. Aber diese Klassifizierungen finden ständig und überall statt.

Samstag, 16. Oktober

Bischof Long

Gleichzeitig erschüttert die baptistische Gemeinde in Atlanta der Vorwurf, Bischof Eddie Long aus dem 18 Meilen nahen Lithonia habe mehrere Jugendliche sexuell belästigt. Er ist hier sehr bekannt, hat die „New Birth Missionary Baptist Church" (www.newbirth.org) in einem Vorort von Atlanta in den letzten 20 Jahren entwickelt, sie zählt rund 25 000 Mitglieder. Bischof Long ist einer der Prediger des so genannten Erfolgsevangeliums. Ein Beweis für Erfolg ist, dass das neue Gottesdienstgebäude für 50 Millionen Dollar gebaut werden konnte. Long hat drei Millionen Dollar Jahresgehalt, trägt gern Diamanten, fährt zum Gottesdienst im Bentley vor und behauptet, Reichtum sei gut. Ganz klar und schlicht. Jesus sei schließlich auch nicht arm gewesen (ich habe das bisher immer anders gesehen). Long ist bundesweit bekannt, spätestens seit er 2006 die Trauerfeier für Coretta Scott King gehalten hat, bei der Präsident George W. Bush anwesend war.

Auch ist Long bekannt für seine massiven schwulenfeindlichen Tiraden. Da passt es gar nicht, dass kürzlich vier junge Männer über eine Rechtsanwältin Klage gegen ihn eingereicht haben. Ihr Vorwurf: Er habe sie sexuell genötigt. Es gilt der Unschuldsverdacht, sicher. Aber angesichts mancher Skandale in evangelikalen Zirkeln hier und den Vorgängen in der römisch-katholischen Kirche hat diese Klage enormen Nachrichtenwert, sie ist in allen News präsent. Die Gottesdienste in der New Birth Missionary Baptist Church am vergangenen Sonntag waren sehr gut besucht und Kameras verfolgten die Predigt des Bischofs. Die Gemeinde klatschte, als er sagte, er werde diese Anschuldigungen nicht im Fernsehen aufgreifen, sondern im Gerichtssaal. Die Pastoren der Kirche wurden zusammengerufen, um wie Hiobs Freunde dem Bischof beiseite zu stehen – das wiederum, muss ich sagen, hat mich angerührt. Eine Rechtsexpertin sagt, da die jungen Männer alle siebzehn oder achtzehn Jahre alt waren bei den Übergriffen, sei das wahrscheinlich gar kein Fall für die Rechtsbehörden. Aber ein Fall für die Kirchen hier ist es allemal. Massive Herabwürdigungen von homosexuell liebenden Menschen auf der einen Seite und solche Anschuldigungen auf der anderen Seite kratzen an der Glaubwürdigkeit aller Kirchen und aller Predigenden ...

Sonntag, 17. Oktober

Sunday School

Das war schon ein besonderer Tag! Ted und Cindy Runyon hatten eingeladen, die Sunday School der Glenn Memorial United Methodist Church zu besuchen. Mir war nicht so ganz klar, was ich mir darunter vorstellen sollte. Ab halb zehn treffen sich Mitglieder der Gemeinde zum Kaffee. Danach geht es in Kleingruppen, die

sich nach Themen im Gemeindehaus aufteilen, und bei den Kindern nach Alter. Statt Bibelarbeit zu halten, erklärt James Laney die Ursachen der Wirtschaftskrise. Er hat Wirtschaftswissenschaften studiert, in der Wirtschaft gearbeitet, dann eine Berufung gespürt und Theologie studiert. Er ist Pastor geworden, Missionar in Korea, dann Universitätspräsident der Emory University und später US-Botschafter in Korea.

Ihm zuzuhören ist wirklich ein Erlebnis. Er erklärt, die USA hätten zunächst einmal die Bibel durch Adam Smith ersetzt und dann seine Idee vom Eigeninteresse völlig korrumpiert. Smith habe vom verantwortungsvollen Unternehmer gesprochen, der vor Ort lebe und Werte wie Vertrauen und Rechenschaftspflicht eingebaut habe in sein Weltbild. Heute aber seien es nicht mehr Eigentümer, sondern Manager, die sich nicht mehr mit der Firma identifizieren, sondern einfach nur schnell viel Geld verdienen wollen. Gier werde nun als gut angesehen. Das einzige, was die US-Banken für die Gesellschaft in den letzten Jahrzehnten beigetragen haben, seien die ATM-Maschinen (Automaten zum Bargeldabheben).

Woodruff, einer der Gründer von Emory (Coca-Cola, s.o.) sei zwar ein Kapitalist ersten Ranges gewesen. Aber er habe gewusst, dass ein guter Ruf, Integrität und Zuverlässigkeit entscheidend seien. Die Manager von heute würden sich dagegen wie Piraten verhalten. Sie würden nur schauen, welche Firma sie übernehmen können, wie sie durch Entlassungen Gewinn machen und dann den Platz des Handelns verlassen. Sie hätten den Blick dafür verloren, dass sie Teil eines Ganzen sind und ein völlig falsches Verständnis von Erfolg entwickelt. Als Beleg führt er an, dass 1985 16 Prozent aller Harvard-Studenten an die Wall Street gingen und 2004 46 Prozent – eine Steigerung von 300 Prozent!

Es sei eine Illusion gewesen, dass Geld sich ständig vermehren würde. Ein verführerisches Modell. Alle seien in den USA dieser Verführung auf den Leim gegangen. Geld und Berühmtheit wurden angebetet. Das habe die junge Generation korrumpiert. Wenn junge Leute nach ihren Zielen gefragt würden, dann wollten sie sicher nicht wie Jesus sein. Aber die Korruption der Wirtschaft korrumpiere die Gesellschaft. Und gefährlich sei, dass der Präsident in einer nie gekannten Art und Weise dämonisiert werde. 24 Prozent der Republikaner sehen Obama als Antichrist. Ein Klima des Extremismus wächst. Die CIA sei völlig überlastet mit all den Morddrohungen gegen den Präsidenten. Undemokratisch sei es, den Gegner „loswerden", statt mit ihm leben zu wollen.

James Laney verweist auf die extremen Unterschiede im Wohlstand in den USA. Die Verteilung von Reichtum und Besitz sei in einer absoluten Schieflage: Auf ein Prozent fiele ein Drittel, auf neun Prozent das zweite und auf neunzig Prozent der Bevölkerung das dritte Drittel. Trotzdem gehe es um möglichst geringe Steuersätze für die Reichen. Dabei habe doch Steuer auch etwas mit Gerechtigkeit zu tun! Wesley habe gesagt: „Earn all you can, save all you can and give all you can" – „verdiene so viel du kannst, spare so viel du kannst und gib so viel du kannst". Das sei eine Grundhaltung von Teilen, Liebe, Zuversicht, die eine Gesellschaft mit Grundvertrauen ausstatte. Dieses Grundvertrauen sei verloren gegangen mit Blick auf Politiker und Unternehmen. Aber eine Gesellschaft brauche solches Vertrauen. Und dafür habe die Kirche einzutreten.

Das war eine bewegende Sonntagsschule. Der anschließende Gottesdienst ist gut gegliedert, sehr europäisch. Die Predigt hält Gary Mason, Pfarrer aus Belfast, der dort ein wunderbares Versöhnungsprojekt initiiert hat und leitet. Sie ist allerdings offen gesagt etwas lang und dröge. Eine gute Idee finde ich, dass es „Scribble Sheets", also Schmierblöcke, in den Bänken gibt, auf denen Kinder malen können. Dort liegen auch Formulare, mit denen um Fürbitten gebeten werden kann, und natürlich Umschläge für Geldzuwendungen. Erstbesucher haben das Angebot zum Gespräch und möglicherweise Beitritt. Ziemlich europäisch und doch amerikanisch …

Montag 18. Oktober

Dalai Lama I

Emory steht Kopf: Der Dalai Lama kommt. Schon Tage vorher wird erklärt, dass auf dem Gelände selbst die Professoren nicht mehr parken dürfen. Am Sonntagnachmittag gleicht der Bereich um das George W. Woodruff Physical Education Center (https://wpec.emory.edu) einem Hochsicherheitstrakt. Überall Absperrungen, Polizei, Schilder, dass nur kleine Taschen mitgenommen werden dürfen, keine Waffen, keine Kameras, keine Rucksäcke. Und es gibt ein Scanning wie am Flughafen. 4000 Sitzplätze fasst die Halle und alle sechs Veranstaltungen von Sonntag bis Dienstag sind ausverkauft. Dabei sind es stolze Preise von bis zu 100 Dollar pro Veranstaltung, die zu berappen sind. Drinnen dann zunächst der Merchandising-Bereich: Bücher des Dalai Lama, Gebetsketten, Taschen, Tassen, T-Shirts etc.

Das Indoor-Sportstadium ist komplett umgebaut. Wir besuchen als erstes den „Interfaith Summit on Happiness", also ein interreligiöses Gipfeltreffen über das Thema Glück oder wohl auch das

Glücklichsein, Freude, Glücksgefühl. Zunächst einmal finde ich etwas skurril, dass alle gebeten werden, sich zu erheben; alle befolgen die Bitte in Schweigen, die Diskussionsbeteiligten kommen auf die Bühne, niemand klatscht, der Dalai Lama erscheint zuletzt, er macht eine Geste mit geschlossenen Händen, viele verneigen sich, alles in vollkommener Stille. Kein Klatschen. Alle setzen sich …

Er wird als der „happiest religious leader of the world" begrüßt. Eine enorme Ehrfurcht erfasst den Saal. Was macht das Charisma dieses Mannes aus? Dass er so fröhlich daher kommt? Wahrscheinlich auch, weil er für Gewaltfreiheit steht, für die Erfahrung von Unterdrückung und eine Lebenshaltung der Feindesliebe. Wann immer er lacht, lacht die ganze Halle. Er setzt eine Art Sonnenkappe in der Farbe seines Umhangs auf und lacht – alle lachen. Er braucht lange, um die Beine auf seinen Sitz zu ziehen und die Beine zu verschränken, das Tuch richtig um die Schultern und Arme zu arrangieren und lacht, wohl über sich selbst – und alle lachen. Er erklärt: „The purpose of life is to be happy" – Ziel des Lebens ist Glücklichsein. Der britische Rabbiner Jonathan Sacks, sehr gut in seinen Argumenten und den Geschichten aus dem Judentum, die er erzählt, erklärt, schon wenn man von „Seiner Heiligkeit" lernen könnte, so zu lachen, würde die Welt glücklicher. Der muslimische Professor Seyyed Hossein Nasr meint, schon in der Gegenwart des Dalai Lama zu sein, bedeute Glück. Die anglikanische Bischöfin Katherine Jefferts Schori sagt, Glück sei die Beziehung zu Gott und zur Schöpfung. Und die Moderatorin fragt den Dalai Lama, wie er so viel Happiness und Humor ausstrahlen könne, wenn er doch auch um die schweren Seiten des Lebens wisse.

Die Diskussion wird dann deutlich konsumkritisch. So eben können wir Glück nicht finden, wenn wir meinen, es kaufen zu

Emory steht Kopf: Der Dalai Lama kommt

Montag, 18. Oktober

Reformation Day at Emory
Candler School of Theology
Service of Word and Table

Tuesday, October 19th, 2010
Season after Pentecost

Von ihm als Person geht durchaus Faszination aus, vor allem aufgrund dieser glasklaren Haltung der Gewaltfreiheit. Aber irgendwie drängt es die Protestantin zu diskutieren …

können. Im Gedächtnis bleibt mir der Satz des Rabbiners: „Die Konsumgesellschaft bringt uns ständig dazu, Geld auszugeben, das wir nicht haben, um Dinge zu kaufen, die wir nicht brauchen für ein Glücksgefühl, das nicht anhalten wird." Das sind überraschende Ansätze in den USA – sie werden heftig beklatscht! Aber irgendwie empfinde ich die zwei Stunden eher als anstrengend denn als glückbringend. Von der Bischöfin hätte ich mir erwartet, dass sie die Kontrastgesellschaft der Bergpredigt und ihr Verständnis von Glück oder Seligsein darlegt. Aber das geschieht nicht.

Wahrscheinlich ist hier nicht nur meine geringe Kenntnis des Buddhismus maßgebend, sondern auch der Unterschied zur amerikanischen Kultur. In der Unabhängigkeitserklärung von Großbritannien wurde formuliert, dass das Streben nach Glück zu den Grundrechten jedes amerikanischen Bürgers gehöre. Der Staat soll zurücktreten, das Individuum das eigene Glück finden und gestalten. Oder ist es die Protestantin in mir, die so sehr nach Inhalten schaut und zu wenig die Atmosphäre zu schätzen vermag?

Die Emory University hat ein intensives Programm des Austausches mit Tibet. Darüber berichtet die Universitätszeitung ausführlich, und da gibt es auch nachhaltige Initiativen. Man ist stolz und begeistert, dass der Dalai Lama, einer der „outstanding spiritual leaders of the world", hier „Presidential Distinguished Professor" ist. Die Ereignisse sind überschrieben mit „The Visit 2010" (http://dalailama.emory.edu). Und natürlich bringt das der Universität national und international große Aufmerksamkeit.

Dienstag, 19. Oktober

Dalai Lama 2

Am Dienstag besuchen wir eine zweite Veranstaltung mit dem Dalai Lama. Es geht um Spiritualität und Kreativität. Wieder dieser Auftritt mit Schweigen. Wieder ausverkauft. Der Dalai Lama sagt am Anfang auf fröhliche Weise, dass er zu Kreativität und Kunst eigentlich nichts sagen könne, und lacht – und die Menschen lachen. Sie freuen sich schlicht an seiner Präsenz, denke ich. Der Schauspieler Richard Gere, der zu Kreativität einiges zu sagen hat und Buddhist ist, versucht, mit konkreten Fragen Punkte zu definieren. Am ehesten erinnere ich mich an seinen Bericht über die erste Begegnung mit „Seiner Heiligkeit". Der Dalai Lama habe ihn gefragt, ob er das Lachen und Weinen und Kämpfen in seinen Filme nur spiele oder wirklich empfinde. Er habe gesagt, er empfinde das wirklich. Da habe der Dalai Lama gelacht. Und seitdem denke er darüber nach, ob das nicht tiefe Weisheit sei, weil wir oft im Leben meinten, wirklich zu empfinden, aber es ist sozusagen gar nicht real, sondern aus zweiter Hand...

Bewegend erlebe ich Alice Walker. Sie wohnt in Atlanta. Ihr ergreifendes Buch „Die Farbe Lila" habe ich vor Jahren gelesen. Sie versucht, ihre Kreativität als Schriftstellerin zu definieren. In ihren Büchern wolle sie schwarzen Frauen in den Südstaaten ein Gesicht geben. Denn weil sie nicht gesehen wurden, existierten sie und ihr Schicksal für viele nicht. Das sei wie mit Hamburgern, die wir essen ohne zu begreifen, dass da eine Kuh, eine Fleischindustrie dahinter stehen. Kreativität könne durch Trauer ebenso entstehen wie durch Glück.

Offen gestanden: Nach einer Stunde weiß ich nicht so ganz, wohin das führen soll. Kein Moderator, kein roter Faden, lange

Pausen, der Dalai Lama akustisch nur schwer zu verstehen (und die Amerikaner um uns herum sagen das auch). Wir gehen also vorzeitig. Zuhause lese ich in der Universitätszeitung, es sei eine Schande und Beleidigung, dass so viele frühzeitig gegangen seien bei den Veranstaltungen. Das war mir nicht klar und ist doch auch etwas befremdlich im „Land der Freiheit", in dem Restaurants darauf aufmerksam machen müssen, dass Menschen nicht ohne Schuhe und T-Shirt eintreten dürfen. Beim Kirchentag jedenfalls ist es gang und gäbe: Wer nicht mehr zuhören mag, darf in aller Freiheit gehen ...

Ich denke, die Faszination des Dalai Lama macht aus, dass er absolut sympathisch wirkt, seine religiöse Praxis benennen kann, viel lächelt und Humor zeigt, obwohl er Schweres erlebt hat, entschieden für Tibet und die Freiheit seines Volkes eintritt, aber eben absolut nicht verbittert scheint und für Menschenliebe und Gewaltfreiheit eintritt. „Loving kindness is my religion" – das ist der Titel eines der Bücher, die er geschrieben hat. Das ist schön, in der Tat. Davon und von ihm als Person geht durchaus Faszination aus, vor allem aufgrund dieser glasklaren Haltung der Gewaltfreiheit. Aber irgendwie drängt es die Protestantin, zu diskutieren. Gern hätte ich mehr über den Unterschied und das Verbindende und Trennende der Religionen in der ersten Veranstaltung erfahren. Mehr über die Rolle von Kunst und Kultur im Buddhismus in der zweiten Veranstaltung ...

Mittwoch, 20. Oktober

Kessler-Treffen

Ich bin gebeten, einen ersten Reformationsgottesdienst aus Anlass der Versammlung der Kessler-Gesellschaft an der Candler School of Theology zu halten. 1987 hatten Richard C. und Martha Kessler ihre Privatsammlung von 49 Drucken aus der Reformationszeit der Emory University vermacht. Heute hat die Pitts Library mehr als 3600 Drucke, dabei mehr als 1000 Originale von Luther (www.pitts.emory.edu). Zwei Tage im Oktober kommen die Sponsoren zusammen, es wird gezeigt, was neu erworben wurde im letzten Jahr, und geplant, was zur Erweiterung der Sammlung möglich wäre. Beim Abendessen stellt Patrick Graham, der Bibliotheksdirektor, die Neuerwerbungen vor. Amerikaner haben eine enorme Ehrfurcht vor Manuskripten, die 500 Jahre alt sind. Als ich von den Vorbereitungen für das 500. Reformationsjubiläum erzähle, sind aber viele erstaunt, das war ihnen nicht so bewusst. Die Frage kommt auf, wie hier 2017 besonders gewürdigt werden kann.

Gepredigt habe ich über Psalm 46. Wir singen dazu Luthers Lied „Ein feste Burg ist unser Gott“. Ein kleiner Posaunenchor und ein wunderbarer Organist gestalten den Gottesdienst mit mir zusammen. Die methodistische Abendmahls-Liturgie ähnelt der lutherischen sehr, wir haben ja auch Abendmahlsgemeinschaft. Ich habe mich entschieden, die Einsetzungsworte auf Deutsch zu sprechen, und das berührt viele. Vielleicht ist der Reformationstag vielen nicht so bewusst, aber es gibt ein großes Interesse für die reformatorische Bewegung. Ich denke, das liegt am Freiheitsthema, das die Amerikaner besonders bewegt mit allen Ambivalenzen.

Donnerstag, 21. Oktober

Charleston und Savannah

Ich habe Besuch aus Deutschland und so können wir ein Auto ausleihen und kleine Touren machen. Beispielsweise nach Charleston und Savannah, den Zentren des ehemaligen Sklavenhandels. Beide Städte bestechen durch Südstaatencharme. Hier haben die Plantagenbesitzer ihre Sommerhäuser gebaut. Große, wunderbare Balkone an gartenumgebenen Häusern prägen die Städte bis heute. Irgendwie hat alles einen leicht europäischen Flair. Es gibt Restaurants draußen, etwas weniger Tempo. Mehr Gelassenheit, so scheint es.

Und dann gibt es in der First African Church noch einen ganz anderen Eindruck. Der junge Mann, der uns führt, erzählt, dass der erste Pastor der Kirche selbst Sklave war. Das finde ich ungeheuer irritierend, darüber habe ich noch nie nachgedacht. Weil er zu viel predigte, verkaufte ihn sein „Besitzer“. Der neue „Besitzer“ gab ihm einen Brief, der ihm erlaubte zu predigen.

Noch etwas habe ich begriffen. Die Sklaven aus Afrika haben das Christentum gar nicht immer erst in Amerika kennen gelernt. So manche brachten es mit als ihre eigene Religion, etwa aus Äthiopien! Da muss ich mein Geschichtsbild noch ein wenig neu sortieren. Am Hafen von Savannah gibt es die Skulptur einer afro-amerikanischen Familie, ein Emblem aus Händen in Ketten und einem Gedicht von Dr. Maya Angelou, Dichterin, Bürgerrechtsaktivistin.

In der Kirche sind in Karos angeordnete Luftlöcher im Fußboden zu sehen. Sie gaben Zugang zu bis zu zweihundert schwarzen Sklaven, die hier auf dem „Railroad“ versuchten, nach Norden in die Freiheit zu gelangen. Nach geheimen Zeichen wussten sie, wo sie sichere Unterkunft fanden. Durch die Löcher wurden sie von der Gemeinde mit Wasser und Brot versorgt. Es war ein langer gefährlicher Weg in die Freiheit, allein der Anblick der Sümpfe hier macht das glasklar. Und die Freiheit war dann oft nicht so frei und gleich wie erhofft...

Freitag, 22. Oktober

Hilton Head

Hilton Head ist eine wunderschöne kleine Insel unweit von Savannah. Die Freundin einer lutherischen Pastorin hat hier ein Haus. Es ist überwältigend schön, finde ich. Langer Sandstrand, fast wie gegenüber, an der französischen Atlantikküste. Und Häuser gibt es hier am Strand, die sind unfassbar schön – und sicher unerschwinglich...

Samstag, 23. Oktober

National Day of Doing Good

Überall ist es ausgeschildert: Heute solltest du etwas Gutes für dein Land tun, denn wir wissen ja alle, es solle nicht gefragt werden, was dein Land für dich tun kann, sondern was du für dein Land tust.

Das spielt hier eine wesentlich größere Rolle als in Deutschland. „Adopt a Highway" beispielsweise. Das finde ich immer wieder komisch. Wie wäre es denn, wenn wir vier Kilometer Autobahn „adoptieren" und dafür zahlen, dass der Müll weggeschafft wird? Das Verhältnis Bürger/Bürgerin zum Staat ist hier einfach anders.

Und doch ist es eben auch eine Kultur des Gebens und des Engagierens. Das zeigt sich auch in den Kirchengemeinden, in denen Beteiligung groß geschrieben wird. Sie sind meistens nicht nur geistliche, sondern auch soziale und kulturelle Zentren.

Sonntag, 24. Oktober

Religiosität in den USA

Warum sind die USA religiöser als Europa? Und sind sie es überhaupt? Wie berichtet, hat Brooks Holifield darüber im Semestereröffnungsgottesdienst gesprochen. Beim Mittagessen gehen wir den Fragen noch einmal nach. Kann es die Bildungsfrage sein? Ist es wahr, dass 50 Prozent aller amerikanischen Ordinierten keine theologische Ausbildung haben? Das finde ich befremdlich!

Brooks sagt, in den USA gebe es inzwischen mehr als 250 Denominationen. Ist das der so genannte „religiöse Markt“? Es ist schwer, den Unterschied zu definieren. Mir scheint, in den USA ist Religion Teil individueller Identität. Menschen wechseln manchmal die Konfession, wenn sie sozial auf- oder absteigen. Und sie gründen schlicht eine Kirchengemeinde, wenn sie mögen. Sie können sich auch Pastor nennen, wenn ihnen daran liegt. Alles Teil der Freiheit. Aber natürlich auch der Beliebigkeit.

Montag, 25. Oktober

Juliana und Amanda

Eine schöne Einrichtung ist, dass junge Theologiestudentinnen an zwei Tagen ganz entspannt Lunch mit Professorinnen haben können. Sie tragen sich in eine Liste ein, draußen stehen Lunchboxes und von 13 Uhr bis 14 Uhr ist Zeit für Fragen, zum Gespräch. Bei mir war Juliana, die an einem Frauencollege ihren Bachelor gemacht hat. Lehrerin will sie werden, vielleicht auch promovieren. Sie überlegt, zum Katholizismus zu konvertieren, weil ihr Freund katholisch ist. Aber sie hat auch gemerkt, dass der Onkel ihres Freundes, der katholischer Bischof ist, es nicht so gut findet, dass sie Theologie studiert.

Amanda kommt aus einer Gemeinde der Southern Baptist Convention. Ihre Eltern waren nicht recht glücklich, als sie Theologie studieren wollte. Aber sie strahlt, wenn sie erzählt, was sie in den ersten Wochen des Semesters alles neu entdeckt hat. Die beiden zu sehen, ist eine echte Freude. Das Theologiestudium ist auch heute eine wunderbare Horizonterweiterung!

Dienstag, 26. / Mittwoch, 27. Oktober

Dallas

Die Warburg-Gesellschaft hat mich nach Dallas eingeladen, in die zweitgrößte Stadt Texas'. Zunächst denke ich, ich hätte mich verlesen, es müsse doch wohl „Wartburg“ heißen. Am Ende zeigt sich: Im American Council on Germany wurde 1992 versucht, über die Geschäftsbeziehungen hinaus ein Forum zur Diskussion transatlantischer Themen in Ökonomie, Politik und Kultur anzuregen.

„Wenn der Löwe schreiben lernt …

Samstag, 30. Oktober

... wird die Geschichte nicht mehr nur aus der Perspektive des Jägers geschrieben." Nun, da Frauen kirchenleitende Positionen übernehmen, wollen sie die Geschichte mitbestimmen ...

Eric Warburg, einer der Gründer des Rates, hatte hierfür Geld zur Verfügung gestellt.

In den 24 Stunden in Dallas erwartet mich ein straffes Programm. Es erinnert mich an meine Tage als Bischöfin. Kein Wunder eigentlich, hat doch jeder dritte Texaner deutsche Wurzeln vorzuweisen... Immer wieder vergleichen meine Gesprächspartner Texas mit Bayern, Texas sei halt anders als die übrigen US-Staaten und besonders hier in Dallas. Allerdings ist Texas flächenmäßig zweimal so groß wie die Bundesrepublik und hat 23 Millionen Einwohner. Das ist schon anders. Flach ist es hier, Wind weht ständig, und es gibt einen großen Regionalstolz.

Die Stadt Dallas hat knapp anderthalb Millionen Einwohner, die Metropolregion sechseinhalb Millionen. Es war die Entwicklung von Klimaanlagen, die seit den fünfziger Jahren zu einem enormen Bevölkerungsanstieg geführt hat und es wird erwartet, dass sie sich weiter steigert. Nicht so glücklich sind die Texaner offenbar, dass sie weltweit vor allem aufgrund von zwei Dingen bekannt sind: der Ermordung John F. Kennedys und jener Fernsehserie mit J.R. und Bobby Ewing, in der es um Intrigen in Erdöl-Clans geht.

Und so ist der erste Anlaufpunkt in Dallas das „Sixth Floor Museum" (www.jfk.org). Unten auf der Straße ist ein einfaches Kreuz eingezeichnet für den Punkt, an dem Kennedy am 22. November 1963 von einer Kugel getroffen wurde. Daneben eine schlichte Plakette im Rasen, dies sei ein national historic landmark. Mehr nicht, die Ermordung selbst wird nicht erwähnt. Oben im eher unscheinbaren Gebäude ist ein Museum, das die Tage vor der Ermordung bis hin zur Beerdigung nachzeichnet. Das ist bewegend. Auch wenn ich damals noch ein Kind war, erinnere ich mich an den Schock dieses Mordes, der durch die ganze Welt ging. Egal, wie Kennedys Politik rückblickend zu beurteilen sein mag, er gemeinsam mit Jackie hatte die Herzen der Menschen gewonnen. Und er hatte es gewagt, nach Texas zu kommen, in die Höhle des Löwen sozusagen.

Im Souvenirshop kann eine Zeitung vom Tag danach gekauft werden. Mich berührt dieser Nachdruck von „The Dallas Morning News" vom 23. November 1963 sehr. Auf der ersten Seite steht: „Kennedy Slain on Dallas Street". Was für eine Hypothek für eine Stadt…

Beim Mittagessen im American Council on Germany berichte ich wie gewünscht über die Situation der Kirchen in Deutschland. Und wieder kommt die Frage auf: Was ist so verschieden? Der emeritierte lutherische Bischof Mark Herbener meint, die USA seien in einem sehr religiösen Sinne säkular, die Deutschen religiös in einem sehr säkularen Sinne. Ob hier ein Schlüssel liegt?

Religion ist jedenfalls Teil der amerikanischen Identität. Übrigens hat sich die römisch-katholische Kirche innerhalb von 18 Jahren von 200 000 auf 1,2 Millionen Mitglieder entwickelt, und zwar durch mexikanische Zuwanderer. Die werden hier offensichtlich als positiv angesehen. Arbeitskräfte werden gebraucht und innerhalb weniger Jahre seien sie integriert. Ein Pfarrer erzählt: Als klar wurde, dass die Gartenanlagen nicht fertig würden fürs Gemeindefest, sei er zum Department Store gefahren, vor dem Arbeiter ohne legalen Aufenthaltsstatus warten. Aus den dreißig habe er zwei ausgesucht, die toll fanden, im Bereich einer Kirche zu arbeiten. Meine Frage, ob das denn gut sein kann, Leute ohne Sozialversicherung einfach anzuheuern, wurde für typisch deutsch gehalten. Teil der rasanten Entwicklung in Dallas sei schließlich auch, dass es hier so gut wie keine gewerkschaftlichen Aktivitäten gebe. Hinzu kommen geringe Steuern und wenig Bürokratie. Ein Unternehmer sagt, wer hier Arbeitsplätze schaffe, erhalte innerhalb von zwei Tagen eine Baugenehmigung...

Anschließend gibt es ein Gespräch mit dem Interfaith Council. Mitten zwischen den Hochhäusern liegt der „Thanksgiving Square" (www.thanksgiving.org). Geschäftsleute hatten es für wichtig gehalten, in der Stadt einen Ort zu haben, an dem die Religionen zusammen kommen. Tatjana Adrosov, die Leiterin des Zentrums, erklärt, dass Danksagung einen Platz in der Spiritualität aller Religionen habe und deshalb ein gemeinsames Thema sei. Hier werden Seminare abgehalten, inter- und multireligiöse Gebete, einzelne Religionen kommen zusammen. Es gibt eine kleine Geschichte von „Thanksgiving" in den USA seit der Zeit der Ureinwohner. Wer die sieht, wundert sich nicht, dass Thanksgiving hier größer gefeiert wird als Weihnachten.

Die kleine Kapelle des Thanksgiving Square, wie das Gelände 1976 vom Architekten Philip Johnson entworfen, sieht aus wie eine weiße Spirale, die sich gen Himmel dreht. Die Kuppel innen ist ebenfalls eine Spirale aus bunten Glasfenstern. Sie war im Jahr 2000 Motiv einer Briefmarke der UN.

Religion spielt auch eine zentrale Rolle im Museum of Biblical Art (www.biblicalarts.org). Es hat nach einem Brand erst vor wenigen Monaten wiedereröffnet und ist eine unerwartete Kombination alter und sehr moderner sakraler Kunst.

Es dreht sich doch nicht alles um Öl in Dallas...

Donnerstag, 28. Oktober

Aquarium

Das Georgia Aquarium ist eine Attraktion in der Stadt. Die Olympiade 1996 hat den Anstoß gegeben, das auszubauen. Mich befremdet und fasziniert es zugleich, so große Tiere hier zu sehen – in enger Gefangenschaft. Das ist zurzeit auch Thema in den Medien, nachdem ein Wal eine Tierpflegerin offenbar ganz gezielt getötet hat...

Freitag, 29. / Samstag, 30. Oktober

AAR-Treffen

Am Reformationswochenende ist Atlanta dicht gefüllt mit mehr als 7000 Theologinnen und Theologen – das Jahrestreffen der American Academy of Religion (AAR) findet statt. Es gibt 595 verschiedene Veranstaltungen, alle Religionen sind vertreten, alle Richtungen und Untergruppen, die sich eine Theologin nur vorstellen kann. Ich hatte schon davon gehört, aber das ist wirklich überwältigend.

Unter anderem war ich einen Abend in der Ebenezer Baptist Church (http://new.historicebenezer.org), einem großen Neubau gegenüber der kleinen Kirche, in der Martin Luther King einst predigte. Dr. Emilie Townes hielt einen Vortrag über das „Demaskieren der kulturellen Produktion des Bösen in der schwarzen Kirche und der Welt insgesamt". Was für ein schwieriger Titel! Sie erzählte eindrücklich davon, was es bedeutet, eine schwarze lesbische Frau im Süden der USA zu sein. Mehrfach diskriminiert also. Ich muss an die Frau aus Samarien denken, die Jesus am Brunnen begegnet (Johannes 4) ...

In der anschließenden Diskussion greifen Dr. Jonathan Walton, Harvard, und Dr. Raphael Warnock, der derzeitige Pastor in Ebenezer, die „Prosperity Gospel" scharf an. Die „Wohlstandsprediger" würden Gott zu einer Verkaufsmaschine für Segen machen und „Halloween-Pastoren" produzieren, die „trick or treat" sagen, also ungefähr: „Benimm dich oder es setzt was" oder: „Was Süßes oder Ärger", wie die Kinder hier an Halloween sagen. Die Kirche diene dann nur noch ihrem Selbsterhalt.

Dr. Renita Weems erklärt, die große Herausforderung sei, zu fragen, wie die Kirche wahrhaftig sein kann, wenn sie selbst Teil des kapitalistischen Systems ist. Sie zitiert ein afrikanisches Sprichwort: „Wenn der Löwe schreiben lernt, wird die Geschichte nicht mehr nur aus der Perspektive des Jägers geschrieben." Und so wenig wie Jesus Christ und Martin Luther Protestant werden wollten, so wenig wollten Frauen kirchenleitende Positionen übernehmen. Aber nun, da sie da seien, würden sie die Geschichte mitbestimmen wollen. Ich kann das nicht ganz nacherzählen, aber es war eine theologisch tiefgründige Debatte ganz im reformatorischen Sinne. So ist Amerika eben auch, intellektuell und kritisch. Es gibt so wenig „die" USA, wie es „Deutschland an sich" gibt.

Früher wurde die Veranstaltung zusammen mit der Society of Biblical Literature abgehalten. Das primär sind jüdische und christliche bibelbezogene Theologinnen und Theologen. Offenbar haben beide Organisationen 2008 entschieden, das zu trennen. Auch die Society trifft sich Ende November in Atlanta, ich bin gespannt.

Sonntag, 31. Oktober

Reformationsgottesdienst

Am 31. Oktober habe ich um 11 Uhr im Universitätsgottesdienst gepredigt, Zachäus (Lk 19,1-9) war Predigttext. In dieser Gemeinde kommen Menschen mit den unterschiedlichsten konfessionellen Hintergründen zusammen. Langsam kommt mir auch die Abendmahlsliturgie gut über die Lippen, die unserer sehr ähnlich ist.

Reformationstag spielt hier keine so große Rolle, auch wenn es eine Grundvorstellung davon gibt, wer Luther war. Lutheraner in Amerika sind eine zahlenmäßig eher kleine Kirche, zudem gespalten in verschiedene „Synoden", Gruppierungen. Gerade erst haben sich 300 Gemeinden von der ELCA abgespalten, nach dem die Synode beschlossen hat, homosexuell lebende Pastorinnen und Pastoren zuzulassen, und eine neue Kirche gegründet. In Dallas habe ich gelernt, dass die Lutheraner mit „Thrivent" eine Lebensversicherung gegründet haben, die heute umfassend Versicherungsdienstleistungen und Bankservice für ihre Mitglieder anbietet. Die Ertragskraft dieser Gruppe erlaubt es der lutherischen Kirche in den USA, immer wieder Spendenleistungen für wohltätige Zwecke zu mobilisieren. Die Mitglieder der Kirche können hier alleine durch die Wahl ihrer Bankverbindung die Kirche finanziell unterstützen.

Sonntag, 31. Oktober

Halloween

Dieses Wochenende ist absolut von Halloween geprägt. Keine TV-Show ohne Kostüme, Halloween allüberall. Furchtbar. Es gibt eine ganze Kürbisindustrie. Vorgärten sind mit künstlichen Spinnennetzen überzogen, Schrei-Gärten gibt es im Angebot, Massen an Halloweenkarten werden verschickt. Ja, ich kenne die Ursprünge bei Allerheiligen und Allerseelen. Halloween ist aber auch hier ein inhaltsleerer Tag, der mit allem möglichen Unfug ökonomisch äußerst erfolgreich ist. Allerdings nimmt der Spuk überhand. So haben einige Bundesstaaten Gesetze erlassen, dass Kinder nur bis zwölf Uhr von Haustür zu Haustür gehen dürfen mit ihrem „trick or treat". Einige Jugendliche hatten es wohl zu arg getrieben und Menschen in Angst und Schrecken versetzt in den letzten Jahren. Erschrecken, Geister und Gespenster – dabei wollte uns die Reformation doch befreien von der Angst vor Fegefeuer und Hölle. Seufz!

Montag, 1. November

Eddie's Attic

Das ist eine tolle Einladung! Eddie's Attic ist eine Bühne für Live-Musik. Hier treffen sich Leute, die neue Musik hören wollen, offen sind für „alternative" Kultur. Heute singt Michael Tolcher. Ich habe nie von ihm gehört, aber er ist offenbar gut bekannt hier. Es geht eine Liste rum, in die Anwesende sich eintragen können. Anschließend wird der Live-Mitschnitt zugemailt – tolle Idee, finde ich.

Das ist ein netter, entspannter Abend, zu dem Judith Miller eingeladen hat. Dazu kommen zwei Professorinnen der Geschichtsfakultät, eine stammt aus Deutschland, Michelle und Cornelia. Sie erzählen davon, wie schwer es ist, hier ein „tenure" zu bekommen, also eine feste Anstellung auf Dauer. Judith hat so eine, aber die beiden anderen bekommen immer nur Zweijahresverträge. Sobald

sie eine Stelle antreten, fangen sie im Grunde schon wieder an, sich in die Bewerbungsverfahren für andere Stellen zu begeben. Das ist ungeheuer anstrengend.

Dienstag, 2. November

Wahlen

Es ist nicht so leicht, das US-Wahlsystem zu verstehen. Wann immer ich gefragt habe, ob nicht gerade die ärmeren Bürger für Obama und seine Politik stimmen müssten, wurde mir klar gemacht, dass es gerade für sie schwer sei, sich als Wählerin oder Wähler registrieren zu lassen. Das ist eine längere, gar nicht so einfache Prozedur. Und der große historische Erfolg der Gesundheitsreform wird erst am 1. Januar 2011 in Kraft treten …

Bei den „mid term elections", den Wahlen zur Halbzeit der Präsidentschaft also, geht es gar nicht in erster Linie um den Präsidenten, dessen Wiederwahl steht erst in zwei Jahren an. Aber im Prinzip geht es dann doch um ihn und um seine Politik, im Wahlergebnis wird ein Stimmungsbarometer gesehen. Viele sind enttäuscht, weil es nicht so schnell Veränderung gab, wie sie erhofft hatten in der grandiosen „Yes we can!"-Kampagne.

Andere sagen: Seht euch doch die Gesundheitsreform an, wie lange haben wir dafür gekämpft! Das wird ein historischer Moment sein, weil endlich alle amerikanischen Bürgerinnen und Bürger freien Zugang haben zu medizinischer Versorgung. Bis heute verstehe ich nicht, warum manche das schlimm finden. Da gibt es eine fundamentale Angst, die eigenen Steuern könnten vom Staat für „Schmarotzer" „verschwendet" werden. Der Staat wird sehr negativ gesehen. „Prisons for profit", Gefängnisse, in die du investieren kannst, das ist eine erfolgreiche Kampagne. Das ist wirklich anders als in Deutschland. Am Besten fänden viele offenbar, wenn es gar keinen Staat gäbe. Der Staat wird grundsätzlich negativ gesehen. Der Mann in der Reinigung hat ein DHL-Zeichen im Schaufenster. Ich frage: „Wie lange braucht denn ein Päckchen nach Deutschland?" Er sagt: „Zwei bis drei Tage." Ich antworte: „Wow, das Geburtstagspäckchen für meine Tochter mit der Post hat neulich zwei Wochen gebraucht!" „Kein Wunder", sagt er abfällig, „das ist ja Regierung."

Dazu kommt eine anti-intellektuelle Nuance im Wahlkampf, auch das trifft. Präsident Obama ist vielen allzu gebildet. Er gilt als allzu liberal. Und die CIA hat alle Hände voll zu tun mit Morddrohungen gegen ihn und seine Familie, einfach weil er „schwarz" ist...

Der Wahlkampf war dabei für deutsche Verhältnisse ziemlich bizarr. Kandidaten greifen sich in Werbespots heftig gegenseitig an. Eine Frau muss erklären, dass sie keine Hexe sei, weil andere aufgrund eines Videos aus ihrer Schulzeit das behaupten. Kandidaten erklären, sie seien tiefgläubig, hätten ihrem Land als Soldat gedient, seien außerdem ein treuer Ehemann und guter Familienvater und deswegen vertrauenswürdig. Andere sagen, der Mann sei durch und durch korrupt, das sei erwiesen – er ist Senator von Georgia geworden. In einem Bundesstaat wollen zwei Frauen Gouverneurin werden und auf einmal packt eine das Argument aus, sie sei besser geeignet, weil sie zwei eigene und vier von ihrem Mann mit in die Ehe gebrachte Kinder groß gezogen habe. Da kehren sich auf einmal Argumente ins Gegenteil, das lässt die Europäerin staunen, bei Sarah Palin ist das ja ähnlich. Firmen dürfen hier solche Wahlkämpfe fördern. Das heißt, Coca-Cola oder ein anderes Unternehmen zahlen, damit jemand Gouverneur wird. Kein Kommentar...

Heute also bestimmten Bürgerinnen und Bürger über 435 Sitze im Repräsentantenhaus sowie 37 von 100 Sitzen im Senat. Zudem finden in 37 Bundesstaaten und in zwei Territorien (Virgin Islands und Guam) Gouverneurswahlen statt (übrigens auch in Kalifornien, wo die Nachfolge von Arnold Schwarzenegger bestimmt wurde).

Ganz klar geht es hier um ein Stimmungsbarometer. Und das sieht nicht gut aus für Präsident Obama. Dass die Arbeitslosigkeit nicht signifikant verringert werden konnte, lasten viele ihm an. Die Gesundheitsreform wird erst noch in Kraft treten und merkwürdigerweise sehen Europäer sie offenbar als viel positiver an als Amerikaner. Der Afghanistaneinsatz blieb ungeklärt. Die erzkonservative Tea-Party-Bewegung beschießt seine Politik von allen Seiten und auf allen Kanälen – allerdings führt sie auch zu heftigen Richtungskämpfen innerhalb der Partei der Republikaner.

Keine leichte Position...

Zurzeit sind die Demokraten in beiden Kammern die stärkste Kraft. Im Abgeordnetenhaus verfügen sie über 255 Sitze, die Republikaner stellen 178 Abgeordnete, zwei Mandate sind unbesetzt. Im Senat sitzen 57 Demokraten, 41 Republikaner und zwei Unabhängige. Aber was wird werden? Offenbar wird die Stimmenauszählung dauern...

Die Republikaner haben definitiv gewonnen. Nach bisherigen Auszählungen haben sie mindestens 237 der 435 Sitze im Repräsentantenhaus erobert, vorher waren es 178. Im Senat allerdings behalten die Demokraten knapp die Mehrheit. Regieren wird noch schwerer in der neuen Konstellation für Präsident Obama. Manche sagen aber auch, nun müssten die Republikaner endlich wieder

Verantwortung übernehmen und könnten sich nicht wie in den vergangenen zwei Jahren einfach nur in Fundamentalopposition üben. Wir werden sehen …

PS: Als ich erzähle, dass bei uns sonntags gewählt wird, kommt Heiterkeit auf. Das halten sie hier für eine eher komische Idee. Viele Wahllokale befinden sich übrigens in Kirchen …

Mittwoch, 3. November

Nach den Wahlen

Es ist schwer, den „day after" zu beschreiben nach den „mid term elections". Wie immer feiern natürlich die Sieger. Und die Verlierer sind enttäuscht. An der Emory University sind alle enttäuscht, mit denen ich beim Essen und rund um ein Seminar reden kann. Sie ärgern sich, dass Wählerinnen und Wähler so schnell vergessen. Wie sollte denn Präsident Obama in zwei Jahren die Wirtschaft so radikal verändern, wie viele sich das gewünscht haben, fragen sie. Er hat die Krise doch nicht herbei geführt, er wurde Präsident mitten in einer Wirtschaftskrise.

Immerhin gibt es einen Zeitungskommentar in USA Today von Al Neuharth, der fragt: „Should big personal bucks buy elections?" Er sagt, dass Meg Whitman 150 Millionen US-Dollar privates Geld verschleudert hat, um Gouverneurin von Kalifornien zu werden – und verloren hat. Rick Scott investierte 70 Millionen Dollar privates Geld in seine Kampagne und wurde als Gouverneur von Florida gewählt. Er meint, das sei beruhigend, die Wählerinnen und Wähler würden eben doch nach politischer Erfahrung fragen und sich nicht blenden lassen von Kampagnen.

Hier ist alles immer „great"

Donnerstag, 4. November

An der Supermarktkasse fragt die Kassiererin: „How are you today?" Ich sage: „Fine, and you?" Antwort: „Well, I am just great!" So geht das ständig. Ich frage mich, was passiert, wenn ich mal sage: „I am miserable!"

Donnerstag, 4. November

Einladung nach Charlotte

Ein deutscher Unternehmer in der Stahlindustrie, Herr Becker, hat mich eingeladen nach Charlotte. Auf der vierstündigen Autofahrt hin begreife ich, dass diese Stadt völlig unterschätzt wird. Wirtschaftlich aber auch kulturell ist beachtlich, was hier entstanden ist. Charlotte liegt sicher im Schatten von Atlanta, hat aber einen ganz eigenen Charme. Vor allem ist die Innenstadt mit ihren Hochhäusern auch abends belebt, weil Menschen hier wohnen. In Atlanta sind dort nur Bürogebäude.

Ich treffe den Pastor der deutschen Gemeinde hier, der aus Mitteldeutschland (EKM) stammt, es gibt ein Essen mit Vertreterinnen und Vertretern der Handelsbeziehungen, halte abends einen Vortrag über Unternehmen und Ethik.

Eindrücklich ist für mich besonders das Bechtler Museum. Der Sohn Hans Bechtlers schenkte der Stadt die Sammlung. Die revanchierte sich mit einem imposanten Museumsbau. Und wie das Leben so spielt, treffe ich Herrn Bechtler Junior und seine Tochter zufällig im Museumsshop. Er lebt irgendwie zwischen Charlotte und der Schweiz pendelnd. Ich frage ihn, was es denn für ein Gefühl ist, wenn ein Museum nach einem benannt wird. Er sagt: „Großartig!"

In den Südstaaten ist alles immer großartig. Manchmal muss ich richtig lachen. Du sagst zu jemandem: „Have a good day!" Und er antwortet: „And you have a marvellous day!" An der Supermarktkasse fragt die Kassiererin: „How are you today?" Ich sage: „Fine, and you?" Antwort: „Well, I am just great!" So geht das ständig. Ich frage mich, was passiert, wenn ich mal sage: „I am miserable!"...

Freitag, 5. November

Race to Nowhere

In einem Film, der an Schulen im ganzen Land gezeigt wird, ist dokumentiert, unter welchem Druck Schülerinnen und Schüler hier stehen. Sie müssen es schaffen, erst einmal in die richtige High School zu kommen. Die Grauer School, in der ich den Film sehe, ist eine der wirklich guten – Jahresschulgeld 20 000 Dollar. Dann geht es darum, das richtige College zu finden, denn das kann entscheidend sein für den großen Sprung nach Harvard oder Yale. Hat der Mensch dann das richtige Graduateprogramm erreicht, um schließlich in einem guten Job zu landen? Einer der Schüler sagt den Satz, der dem Film den Titel gibt: Es ist ein Rennen ins Nichts. Der Film hat den Selbstmord einer Dreizehnjährigen als Rahmen. Die Eltern sehen im Nachhinein, wie hoch der Druck war: Schule, Nachhilfe, Sport, Musikunterricht, Hausaufgaben, Schule, oft sind das 14-Stunden-Arbeitstage. Und wenn keine Leistung, dann kein gutes College. Das ist ein harter Drill.

In diesen Wochen werden die Selbstmorde von Teenagern selbst vom Präsidenten thematisiert. Es hat mehrere dramatische Selbstmorde gegeben: am 9. September Billy Lucas, 15, gemobbt wegen seiner Homosexualität. Am 22. September Tyler Clementi, 18, der in seinem ersten Jahr im College beim Sex von seinem Mitbewohner gefilmt wurde – der stellte das Video ins Internet. Am 28. September der 13-jährige Seth Walsh, gemobbt wegen Homosexualität. Am 29. September Raymond Chase, der sich ebenfalls das Leben nahm, weil es ihm aufgrund seiner Homosexualität zur Hölle gemacht wurde. In dem Spot, der auf You Tube verbreitet wird, sagt Obama, er wisse zwar nicht, wie es sich anfühle, wegen der eigenen Homosexualität gemobbt zu werden, aber er wisse sehr wohl, was es bedeute, ausgeschlossen zu werden auf Grund der eigenen Hautfarbe.

Ein homosexueller Geschäftsmann hat die Kampagne „It gets better" gegründet. Darin werden Jugendliche, die gemobbt werden, ermutigt, dass sie durchkommen durch diese Phase. Männer wie er erzählen, wie schlimm es war, wegen seines Schwulseins ausgegrenzt zu werden. Die Angst vor jugendlichen Selbstmorden ist groß ...

Samstag, 6. November

Mary Mac's

Mary Mac's Tea Room ist eine Attraktion in Atlanta (www.marymacs.com). Mary McKinsey hat ihn 1945 gegründet. In dieser Zeit entstanden viele solche Tea Rooms, die eigentlich Restaurants waren, aber ein Understatement schien den Frauen, die als Witwen zurückblieben und oft alleinerziehend waren, offensichtlich besser, um keine Aufmerksamkeit oder Konkurrenzgefühle zu entwickeln.

Das hier ist wirklich Südstaatenküche und Südstaatengastlichkeit, von Touristen ebenso geschätzt wie von Einheimischen. Viel „Seafood" ist im Angebot, aber auch Steak, Hamburger, Fried Chicken. Und natürlich die Nachtische: Banana Pudding und Bread Pudding und Peanut Butter Pie.

Sonntag, 7. November

Der Süden

Als ich 1974 / 75 ein Schuljahr hier verbracht habe, war ich an der Ostküste. Aber „der Süden" ist noch einmal ein ganz eigenes Gebilde. Der Akzent hier ist schwer. Wer ihn hören will, kann den Film „Cold Mountain" aus dem Jahr 2003 mal im Originalton anhören. Selbst Nicole Kidman spricht da schwer und langsam. Er ist übrigens nicht zu verwechseln mit „Brokeback Mountain", dem Film über zwei Cowboys, die sich ineinander verlieben. Der wurde in den Kinos der Südstaaten schlicht nicht gezeigt...

Ja, die Menschen sind konservativ hier. An der Ostküste wie an der Westküste gelten sie als irgendwie rückständig. Das Essen ist schwer und kalorienreich. Aber es gibt eine ungeheure Gastfreundschaft, von der sich New York und San Franscisco eine Scheibe abschneiden können. Und auch wenn es manchmal nervt, wie sehr ständig von „Familienwerten" die Rede ist – sie sind Teil des Lebensstils. Du sorgst dich um deine Kinder, um deine Ehe, um deine Familie, das ist wichtig, das wird hochgehalten. Manchmal kommt es mir eng vor. Aber dann: es bietet auch Halt, Werte, klare Bezüge. Und es gibt eine erstaunliche Großherzigkeit, für andere einzuspringen, wenn sie Hilfe brauchen. „Southeners" zu sein, das bringt dann wieder rassenübergreifenden Identitätsstolz.

Montag, 8. November

Mobilität

Eigentlich hat fast jeder ein Auto. Dass ich Fahrrad fahre, wird eher als schräg und gefährlich angesehen. Laufen ist noch ungewöhnlicher, wer läuft, ist fast schon verdächtig. Die Bürgersteige enden zwischendurch immer wieder, an vielen Straßen sind sie überhaupt nicht vorgesehen. Jemand erzählt, dass Supermärkte sich dagegen wehren, dass es Fußwege zu ihrem Parkplatz gibt, weil das gefährlich sein könnte.

Wenn ich nicht mit dem Fahrrad fahren kann, nehme ich oft ein Taxi. So entstehen immer wieder aufschlussreiche Begegnungen. Einer der Fahrer stammt aus Somalia. Seine Eltern haben ihn als Kleinkind zu seiner Tante gegeben, die bei der somalischen Botschaft in den USA arbeitete, damit er aus den Kriegswirren entkommen konnte. Heute hat er fünf Kinder und arbeitet 16 Stunden am Tag sieben Tage die Woche, um seine Familie durchzubringen.

Ein anderer stammt aus Nigeria. Er schimpft auf die USA, auch wenn sie für viele Einwanderer immer noch die ganz große Hoffnung auf Freiheit und Zukunft darstellen. Für ihn ist der Rassismus greifbar, sagt er. Und das zeige sich ja auch daran, wie die Republikaner Obama behandeln. Er kann sich keine Krankenversicherung leisten. Seine Frau aber ist schwanger und er hat Angst, was die Geburt kosten wird, eigentlich können sie sich das nicht leisten.

Wiederum ein anderer stammt aus dem Iran. Er war Regimegegner und hat drei Jahre in Österreich auf Asyl gehofft. In den USA hat er es bekommen. Er hat ein kleines Geschäft aufgebaut, das mit der großen Pleite zerschlagen wurde. Jetzt fährt er Taxi, um die Familie irgendwie über Wasser zu halten. Auch er sieben Tage die Woche, oft bis zu vierzehn Stunden.

Wer arm ist, ist auf öffentliche Verkehrsmittel angewiesen. Und die sind nicht sehr gut ausgebaut. Aufgrund der Kürzungen des Haushaltes werden mehr und mehr Buslinien in der Frequenz gekürzt oder eingestellt. Für die Armen bedeutet das, sie sind noch weniger mobil, auch um an den möglichen Arbeitsplatz zu kommen. Mobilität ist ein riesiges Thema, in Deutschland ist sie auf jeden Fall im Vergleich zu hier öffentlich wesentlich besser organisiert. Gleichzeitig berichtet eine deutsche Zeitung, das Auto sei nicht mehr so sehr ein Statussymbol für junge Leute…

Natürlich spielen auch die Benzinpreise eine Rolle. Ein Liter kostet weniger als einen Dollar, also weniger als 80 Cent in Euro. Kein Kommentar…

Dienstag, 9. November

Holocaustgedenken

Zur Zeit gibt es eine Ausstellung zur Erinnerung an in Auschwitz vernichtete Juden (www.testamentsoftheheart.org). An vier Orten auf dem Campus sind Fotos zu sehen aus dem Buch von Ann Weiss: „THE LAST ALBUM: Eyes from the Ashes of Auschwitz-Birkenau“ (www.thelastalbum.org). In einem besonderen Programm ist Musik zu hören, die in Auschwitz komponiert wurde. Bewegende Bilder und bewegende Töne…

Mittwoch, 10. November

Pitts Library

An Luthers Geburtstag passt es, noch einmal von einem der für mich schönsten Orte auf dem Campus zu erzählen, Pitts Library (www.pitts.emory.edu). Patrick Graham, der Direktor, ist hier seit vielen Jahren tätig. Er sammelt mit Leidenschaft Originale aus der Reformationszeit. Seit 1987 gibt es die „Kessler Collection", die Bücher von Luther, seinen Freunden und Gegnern sammelt, und zwar aus ihren Lebzeiten, nichts älter als 1570. Es heißt, das sei die beste Martin-Luther-Sammlung außerhalb Europas. In einer Zusammenstellung wird gezeigt, dass 90 Prozent der wichtigen Ereignisse in Luthers Leben durch Originale dokumentiert sind. Richard Kessler, der das meiste Geld für die Sammlung gibt, besitzt eine Hotelkette. Er ist ein ziemlich entspannt wirkender Mensch, der einfach Spaß daran hat, sich hier ein kleines Denkmal in Form von alten Büchern zu setzen. Jede Woche bekommt er Angebote, neue Bücher zu kaufen. Etwa 60 davon sind aus Deutschland und er kauft etwa 10. Das sind bei 52 Wochen ungefähr 520 Bücher allein aus Deutschland! Und die Bibliothek ist offensichtlich sehr gut bestückt. Ihr Schatz aber ist die Reformation in Deutschland.

Pat Graham liebt diese Bücher schlicht und ergreifend. Wenn ich mit ihm durch die Sammlung gehe, zieht er dieses heraus oder jenes, ein altes Gesangbuch hier, eine Lutherschrift da. Er hat eigens Deutsch lesen gelernt, um die Originale wahrzunehmen. Übrigens lässt er die Holzschnitte dieser Originale einscannen und ins Internet setzen (Digital Image Archive auf der Homepage anklicken). Sie sind so geordnet, dass Kirchengemeinden sie parallel zu den

Predigttexten für den Sonntag herunterladen und für die Gottesdienstblätter nutzen können.

Pat bat mich, den Bestand an deutschsprachigen Büchern mal durchzusehen, ob da etwas fehle aus meiner Sicht, was die kirchliche Wirklichkeit in Deutschland spiegele. Und siehe da, es gibt überhaupt nichts über den Kirchentag! Also habe ich die Zentrale in Fulda kontaktiert und letzte Woche kamen nun tatsächlich die Kirchentagsdokumentationen der letzten 20 Jahre an inklusive der ökumenischen Kirchentage und den Bänden zum 50. und 60. Jubiläum. Nicht ganz so alt wie die Kessler-Sammlung, aber Pat strahlte und lässt dem DEKT herzlichen Dank ausrichten.

Donnerstag, 11. November

Arbeitslosigkeit

CNN zeigt eine Dokumentation über „99ers". So nennen sich diejenigen, die arbeitslos werden und dann ein Anrecht auf 99 Wochen staatliche Unterstützung haben. Sie haben eine Kampagne „Mayda SOS" gestartet, in der sie Kongressabgeordneten schreiben, mailen, faxen mit der Bitte, diese Zeit zu verlängern und die Unterstützung zu erhöhen. Knapp zehn Prozent der Amerikaner sind arbeitslos. Die Geschichten sind bewegend. Menschen müssen erst ihr Haus verkaufen, suchen eine Mietwohnung, dann verkaufen sie alles, was irgendwie Geld bringt, am Ende werden sie wohnungslos. Die 221 Dollar „general relief", die sie noch bekommen können, reichen zum Überleben, aber nicht für Miete. Jedes sechste Kind in diesem reichen Land hat Hunger. Unfassbar. Da mag mancher meckern über das Sozialsystem in Deutschland, aber es ist deutlich besser.

Advent ist im Dezember?!

Mittwoch, 17. November

An jeder Ecke steht jemand, der für irgendetwas sammelt. „Jingle Bells" erklingt in jedem Restaurant. Ich fliege heute nach New York, besuche eine Kollegin und bin gespannt auf den New Yorker Christmas-Wahnsinn …

Auch wenn es Missbrauch geben mag, den gibt es in den höheren Wirtschaftsetagen auch, Menschen sind verführbar. Aber dass eine Familie mit drei Kindern ohne Wohnung in den USA auf der Straße leben muss, das ist einfach nicht vertretbar. Und hat mit Freiheit nichts zu tun!

Freitag, 12. November

Deutsche in den USA

Mittagessen mit Frau Professor Ursula Goldenbaum. Sie ist Philosophin, ich kenne sie sozusagen virtuell über eine meiner Töchter, die in Hannover an der philosophischen Fakultät ihre Texte bearbeitet. Sie erzählt, dass sie nach der Wende in Deutschland keine Stelle fand. Nun pendelt sie über den „großen Teich", die Töchter und Enkelkinder sind in Deutschland.

Im Laufe der Zeit habe ich viele kennengelernt, die hier leben, aber doch ihre Heimat in Deutschland sehen. Das ist ein schwieriger Spagat!

42,8 Millionen Amerikaner gaben bei der letzten Volkszählung 2000 „deutsch" als ihre Hauptabstammung an. Allein in Dallas leben 20 000 „Passdeutsche". Viele, die ich treffe, haben doppelte Staatsbürgerschaft. Irgendwie kann hier jeder immer erzählen, woher er oder sie stammt …

Samstag, 13. November

Ernährung

Karen, eine Dozentin, nimmt mich mit zum Dekalb Farmers Markt (www.dekalbfarmersmarket.com). Offen gestanden dachte ich an einen Markt irgendwo draußen. Doch dann stehen wir vor einer riesigen Halle. Drinnen ist es eiskalt. Dieser Markt ist überall bekannt bei denen, die gern frische Lebensmittel essen. Hier gibt es Produkte aus der Saison und der Region, zum Beispiel frisches, ungespritztes und nicht in Plastik verpacktes Gemüse, auch Fleisch aus nichtindustrieller Produktion.

Offensichtlich gibt es also in den USA einen Markt für bewusste Ernährung. Selbst in der neben Publix omnipräsenten Supermarktkette Kroger gibt es Eier von frei laufenden Hühnern mit dem Biosiegel. Allerdings kosten zwölf Stück 3,79 Dollar, dreimal so viel wie herkömmliche Eier. Wenn eine Familie auf jeden Cent schauen muss, dann wird sie sich kaum für „Bio" entscheiden.

An dem kleinen Eierbeispiel zeigt sich: Ernährung ist eine soziale Frage. Natürlich ist sie das in jedem Land. Die Armen haben Hunger in allen Ländern der Welt. In Amerika ernähren sie sich völlig ungesund. 32 Prozent aller Amerikaner gelten als „obese", stark übergewichtig, bringen also 30 oder mehr Pfund über Normalgewicht auf die Waage. Die Tendenz ist steigend, Experten schätzen, dass bis zur Mitte des Jahrhunderts die 40-Prozent-Marke deutlich überschritten wird. Das hat eine Steigerung von Diabetes und anderen Krankheiten zur Folge.

So wird Übergewicht zum Bildungsmerkmal im Land der Fastfood-Ketten. Die einen treiben geradezu fanatisch Sport und ernähren sich bewusst. Es gibt furchtbar viel kalorienarmes Essen.

Fettfreien Joghurt zum Beispiel, der schmeckt wie Gelantine, brrr... Auf dem Universitätsgelände ist kaum jemand übergewichtig. Die anderen stopfen Ungesundes in sich hinein, haben kein Gefühl mehr für ein „Genug". Das sind dann die Müllmänner, die Busfahrer, die Frauen an der Kasse. Natürlich lässt sich das nicht durchgehend pauschalisieren. Aber es ist auffällig.

Eine Deutsche, die seit vielen Jahren hier lebt, sagte mir, manchmal habe sie den Eindruck, die größte Angst des Amerikaners sei, irgendwo Hunger zu haben und kein Wendy, Burger King, Kentucky Fried Chicken oder Waffel House in der Nähe... Viele sagen, das Fleisch dort sei derart mit Hormonen belastet, dass es besser sei, zu verzichten. Auf dem Weg nach Savannah aber gab es früh morgens auf der Autobahn keine Alternative zu McDonalds. Als ich 1974 zum ersten Mal in die USA kam, war ich begeistert, das war völlig neu für mich, und vor allem die Milchshakes hatten es mir angetan. Der McDonalds auf der Savannah-Fahrt ist runtergekommen und leicht schmuddelig, der Toilettengang kostet Überwindung. Das Frühstück besteht aus einem undefinierbaren, vor Fett triefenden runden Fleischstück und wabbeligem Rührei mit einem süßlichen Brot- und Kuchenstück dazu. Ich bringe es nicht über mich, das zu essen.

Außerdem produzieren die Fastfood-Ketten riesige Müllberge. In meinem Studentenwohnheim gibt es Mülltrennung der diffizilsten Sorte: grünes, weißes, braunes Glas, buntes und weißes Papier, Pappe, helles Plastik, dunkles Plastik. Nach ähnlichem Muster habe ich in meinem Unibüro fünf Papierkörbe. Aber an der Supermarktkasse gibt es immer noch endlos viele kleine Plastiktüten, Taschen haben in der Regel nur wenige dabei. Auch ökologisches Bewusstsein ist eine Klassenfrage.

Essen und Gewicht sind ein Dauerthema, das nervt, in den Zeitungen wie im Fernsehen wie in persönlichen Gesprächen. Aber im Ernst, die Ernährungsfrage ist virulent. Dass jemand zu Hause kocht, erlebe ich selten. Meist wird etwas bestellt oder wir gehen in ein Restaurant. Und ich finde auffällig, wie viele Menschen einfach im Gehen essen. Da geht auch eine Ernährungskultur zugrunde ...

Sonntag, 14. November

Ebenezer Baptist Church

Die Ebenezer Baptist Church ist ein Neubau gegenüber der kleineren Kirche, in der Martin Luther King und auch sein Vater Pfarrer waren. Der Gottesdienst um 11 Uhr ist sehr gut besucht und beginnt mit einem Männerchor, der „Lobet den Herren“ auf Englisch darbietet. Anschließend fragt der Pfarrer, wer als Gast zum ersten Mal hier sei. Wir sollen aufstehen. Anschließend begrüßen alle Gemeindemitglieder die Stehenden fröhlich mit Handschlag: Schön, dass ihr hier seid!

Das Gesangbuch heißt „African American Heritage Hymnal“. Es ist für alle African American Christian Congregations konzipiert – wieder also der Gedanke, dass der gemeinsame kulturelle Hintergrund stärker ist als die konfessionelle Grenze.

In der Eingangsliturgie wird ein Kind präsentiert und gesegnet. Es wird für die Kranken und Trauernden der Gemeinde gebetet. Dann kommt die 30-minütige Predigt. Sie ist wirklich überzeugend gut. Zunächst verliest der Pfarrer den Text, Lukas 7,36 ff. Die Gemeindeglieder können mitlesen, in allen Bänken sind Bibeln vorhanden. Er predigt, dass Menschen Jesus nicht nur wie Simon in der Geschichte einladen sollten, sondern wie die Sünderin das Leben mit ihm teilen sollten. Die Gemeinde gerät in immer stärkere Begeisterung, ruft, steht auf, klatscht. Er predigt gegen die Arroganz, selbst besser und frömmer zu sein als andere. Er erklärt, es gehe nicht nur um individuelle, sondern auch um soziale Sünden. Auch darum, dass in den USA der Reichtum weniger auf einer Vergangenheit von Sklavenhaltern aufgebaut sei. Die Gemeinde ist absolut euphorisch.

Nach der Predigt gibt es eine Phase, in der die Menschen aufgefordert werden, nach vorn zu kommen, wenn sie sich neu oder erstmals zu Jesus bekennen wollen. Zwei Reihen vor uns sitzt eine sehr sympathisch wirkende Familie. Einer der Söhne meldet sich und geht nach vorn. Der Vater ist fassungslos und beginnt zu weinen. Andere kommen, umarmen ihn, gratulieren. Es ist nicht meine Tradition, aber sehr, sehr anrührend. Und auf keine Weise bedrängend oder kitschig, wie ich es sonst manches Mal erlebt habe.

Nach zwei Stunden ist der Gottesdienst zu Ende. Ich bin bewegt, gestärkt, das war ein spirituelles Erlebnis, das etwas mitgibt in die neue Woche!

Montag, 15. November

Fox Theatre

Fox Theatre (www.foxtheatre.org) ist ein beeindruckendes Gebäude, zentral an der Peachstreet gelegen. Hanna, mein Besuch aus Deutschland, und ich sind eingeladen zum BBC Concert Orchestra-Abend mit Keith Lockhart. Das Konzert ist gut, aber beeindruckender als die Musik ist der Raum. Es ist ein Gefühl, als sitzt du in Saudi Arabien unter freiem Himmel. Gebaut wurde es von „den Schreinern", wie ich erst falsch verstanden habe. Es handelt sich um „The Shriners", eine Abkürzung für: „The Ancient Arabic Order of the Nobles of the Mystic Shrine". Davon habe ich noch nie gehört. Jedenfalls wollten sie eine Moschee bauen und sammelten dafür 1925 eine Million Dollar. 1928 wurde der Grundstein gelegt, aber bald war das Geld alle. Deshalb wurde das Gebäude für 21 Jahre an den Kinogiganten Fox vermietet, die Eröffnung fand 1929 statt. Und so blieb es ein Theater bis heute. Außen hat es die Silhouette eines maurischen Dorfes, innen ist nie ganz klar, ob du dich drinnen oder draußen befindest. Das ist wirklich ein Erlebnis.

Dienstag, 16. November

Zwei Vorträge

Heute habe ich nachmittags einen Vortrag zur Vorbereitung des Reformationsjubiläums 2017 in Cannon Chapel. Es sind mehrere Professoren da, ansonsten ist der Besuch eher schlecht. Die Studenten sind alle im Klausurenstress. Mein Akzent liegt auf Bibel, Gebet und Bekenntnis. Einer meint, das seien doch eigentlich die Grundsätze der Pfingstgemeinden. So diskutieren wir, ob hier lutherisches Erbe zu finden ist.

Abends ein sehr gut besuchter Vortrag, den das Deutsch-Department organisiert hat. Gemeinsam mit dem Goethe-Institut wirbt das Department of German Studies dafür, Deutsch zu lernen. Es sei die in Europa am meisten gesprochene Sprache, vermittle Zugang zu einem großen kulturellen Reichtum von Bach über Nietzsche und Freud bis Kafka und habe große Bedeutung für amerikanische

Handelsbeziehungen. Die Anwesenden sind denn auch eine Mischung aus Studenten, deutschen Einwanderern, Amerikanern mit deutschem Hintergrund.

Mittwoch, 17. November

Thanksgiving und Weihnachten

Thanksgiving, immer am vierten Donnerstag im November, läutet hier die „Holiday season" ein. Es gibt viele Einladungen, Truthahnrezepte, Karten werden verschickt mit Thanksgiving-Wünschen – eine ganze Thanksgiving-Industrie und -Kultur, alles im Zeichen des Truthahns. Ab Mittwoch steht die Uni still, das Wohnheim leert sich. Es sind die dichtesten Reisetage im Land, alle Flüge sind ausgebucht. Viele fahren deshalb am kommenden Wochenende nach Hause. Insgesamt fahren mehr Amerikaner zu Thanksgiving nach Hause als zu Weihnachten. Große Familientreffen mit Truthahnessen sind in Planung. Ich hatte mehrere sehr liebe Einladungen und bin gespannt auf die nächsten Tage.

Gleichzeitig fängt Christmas an, allüberall von den Tannenzipfeln tönt es, es gibt kein Entkommen. Im Fernsehen, im Radio, in jedem Kaufhaus läuft der Countdown: Noch 37 Tage … Wie war das noch mit „Advent ist im Dezember"?! An jeder Ecke steht jemand, der für irgendetwas sammelt. „Jingle Bells" erklingt in jedem Restaurant. Ich fliege heute nach New York, besuche eine Kollegin, die am Union Theological Seminary arbeitet. Und bin gespannt auf den New Yorker Christmas-Wahnsinn …

Donnerstag, 18. / Freitag, 19. November

New York

New York bleibt für mich eine mit keiner anderen vergleichbare Stadt. Wohl nirgendwo anders wird der „melting pot" so sichtbar wie hier. Das erste Mal war ich 1974 zu Silvester hier. Eine Familie aus meinem Internat hatte mich eingeladen. Die ganze Zeit hatte ich das Heimweh damals, vor 36 Jahren, verdrängt, aber als dann die Wiener Sängerknaben „Stille Nacht" sangen, kamen mir doch die Tränen ...

In der letzten Woche war der große Weihnachtsbaum zwar schon aufgebaut, aber noch nicht erleuchtet. Erst wird Thanksgiving abgewartet, dann kommt die Beleuchtung – nachdem die Spuren der großen Thanksgivingparade mit allen Schikanen, Cheergirls, Musik beseitigt sind.

Zuerst habe ich das Union Seminary (www.utsnyc.edu) besucht. Brigitte Kahl, eine alte Bekannte, lehrt dort Neues Testament. Das Seminar wurde 1836 reformiert gegründet, seit 1893 ist es offen für alle Konfessionen. Das 1910 gebaute Gebäude direkt an der berühmten Riverside Church ist eindrücklich, sehr britischer Stil, in der Mitte ein Garten – ein besonderer Luxus mitten in Manhattan. Heute lernen hier knapp 300 Studierende aus 40 Denominationen bei 69 Lehrenden. Das ist ein vorteilhaftes Verhältnis, das sich mancher Theologiestudierende in Deutschland wünschen würde. Ist die Candler School of Theology (www.candler.emory.edu) eine Fakultät in der Universität, so das Union ein eigenständiges Seminar. Brigitte erzählt, dass die Mischung es spannend macht, zu unterrichten. Nicht nur verschiedene Konfessionen, sondern auch sehr unterschiedliche Altersgruppen kommen zu-

sammen. Ein toller Ort, der Speisesaal erinnert ein bisschen an einen Harry-Potter-Film...

In der Kapelle wurden gerade Studierende ausgesegnet, die nach Georgia fuhren zur alljährlichen Demonstration vor der „School of the Americas" in Fort Benning, einer Basis der United States Army südwestlich von Columbus. Hier werden seit 1984 Soldaten aus den USA und aus Lateinamerika trainiert, die in Folter und Morde verwickelt sind. Es gibt eine Organisation, die Widerstand organisiert und fordert, dass das Lager geschlossen wird (www.soaw.org). Später ist in der Zeitung zu lesen, dass bei der Demonstration 26 Menschen verhaftet wurden...

Es gibt ein Gespräch mit der Präsidentin des Seminars. Ich kann so gut nachvollziehen, welche Balanceakte sie als Theologin zu vollbringen hat zwischen Personalmanagement und Finanzverwaltung. Sie fragt, ob ich nicht mal Lust hätte, ein Semester hier zu verbringen. O ja, das wäre schon klasse! Nur nicht auf Dauer.

Nachmittags besuche ich mit Bekannten einen bemerkenswerten römisch-katholischen Priester: Fr. Andrew O'Connor lebt in der Bronx, er importiert gewebte Baumwolle aus Guatemala, lässt sie dort nähen und verkauft die Kleidung (ziemlich teuer!) im Internet. Seine Organisation nennt sich „Goods of Conscience" (www.goodsofconscience.com).

Ein toller Typ, der einfach ständig neue Ideen entwickelt, wie es gerechter zugehen könnte in der Welt. Über Beziehungen hat er es fertig gebracht, dass offenbar Julia Roberts in einer Szene im Film „Eat Pray Love" diese Kleidung trägt, was zu einem enormen Nachfrageschub geführt hat.

Abends gibt es ein Treffen im Hotel, 26. Stock – der Blick über New York ist atemberaubend schön. Das Abendessen in einem Restaurant findet dann in einer solchen Mischung von Herkunft und Situation statt, dass allein daraus ein französischer Film mit biografischen Rückblicken werden könnte. Eine Frau ist armenisch-italienisch, die andere Jüdin mit vielfältigem Lebenslauf, eine aus mongolisch-chinesischem Hintergrund und so weiter und so fort... ein anregender Abend, typisch New York irgendwie. Jemand fragt: „And what is your life's story?" Und dann beginnt ein Erzählen, Diskutieren, Lachen, Staunen – Biografien sind Geschichten, die Geschichte lebendig machen. Und in dieser Stadt kommen wahrhaftig viele ungewöhnliche Biografien zusammen!

Vormittags geht es ins Guggenheim Museum (www.guggenheim.org/new-york). Im Museum of Modern Art und im Metropolitan Museum war ich bereits bei früheren Besuchen. Guggenheim ist schon rein architektonisch ein besonderer Bau. Es ist ganz weiß und vollkommen rund angelegt und sticht hier am Rande des Central Park aus den umliegenden Häusern heraus. Vor Baubeginn klagten die Anwohner dagegen, weil es nicht in das Bild passe. Als es um einen eckigen Bau erweitert wurde, klagten sie, weil rund doch passender wäre...

Die aktuelle Ausstellung „Chaos and Classicism: Art in France, Italy and Germany, 1918–1936" bewegt mich. Sie zeigt, wie aus den Erfahrungen der Zerstörung im Ersten Weltkrieg heraus Künstlerinnen und Künstler in Europa Anleihen bei klassischen Motiven machten, um Ordnung zu signalisieren. Es zeigt aber auch, wie der Klassizismus in der Ideologie von Mussolini und Hitler bald darauf missbraucht wurde. Mittagessen gibt es im Boathouse. Ein toller Ort mitten im herbstlichen Central Park. Ja, New York begeistert mich. Aber als ich ein Angebot erhielt, hier zu wohnen und zu arbeiten, habe ich abgelehnt. Das kann ich mir schwer vorstellen...

Der Rückflug nach Atlanta ist nun fast wie eine „Reise nach Hause". Den Flughafen kenne ich inzwischen gut. Es ist der mit dem größten Passagieraufkommen der Welt übrigens – aber jetzt fange ich auch schon wie die Amerikaner an, alles und jedes zu „ranken", in Vergleichslisten zu platzieren...

Samstag, 20. November

Good Schabboz

Samstag folgte ich einer Einladung in die orthodoxe Synagogen-Gemeinde Beth Jacob (www.bethjacobatlanta.org). Sie ist die größte orthodoxe jüdische Gemeinde in Atlanta und liegt nicht weit entfernt von meinem Studentenwohnheim in einem Viertel, das vornehmlich von Juden bewohnt ist. Es heißt, Amerikaner ziehen dorthin, wo die Schule ist, jüdische Amerikaner dorthin, wo die Synagoge ist – damit sie am Schabbat dorthin gehen können.

Als wir ankommen, ist die Thoralesung noch im Gange. Die Synagoge ist ein eindrücklicher runder Bau. Die Männer tragen Gebetsschals, die Frauen sitzen hinter einer Abtrennung auf der rechten Seite mit Sichtkontakt, viele mit Kopfbedeckung. Eingeladen hat mich eine junge Deutsche, Andrea Hillenbrand, die hier ist, weil sie zum Judentum konvertieren will. In Deutschland, sagt sie, kann das bis zu sechs Jahren dauern, in den USA in der Regel anderthalb Jahre. Ein engagiertes Gemeindeglied, Michael Edelstein, hilft ihr, sich ins orthodoxe Judentum hineinzufinden.

Der Gottesdienst verläuft in gut eingespielten Bahnen. Eine Freundin, die mich aus Deutschland besucht und schon oft in der Synagoge war, sagt, das sei in Deutschland anders, weil durch die vielen zugezogenen Juden aus Russland vieles erklärt werden muss.

Vor dem Kiddusch wird ein acht Tage alter Junge beschnitten. Dazu kommen viele Kinder in die Synagoge, die zuschauen wollen. Das Baby liegt auf dem Schoß des Rabbiners, alles passiert auf der Männerseite. Es schreit ein wenig, als es beschnitten wird. Dann hebt der Rabbiner es hoch und alle klatschen. Ein mir sehr fremdes Ritual, aber eindrücklich. Zudem wird erzählt, dass in Amerika aus hygienischen Gründen alle Jungen sofort nach der Geburt beschnitten werden. Im Krankenhaus muss das ausdrücklich abgelehnt werden, damit es in der Synagoge stattfinden kann.

Beim Kiddusch spricht der Rabbiner den Segen über Brot und Wein. Dann gibt es ein großes Treffen mit Keksen und Brezeln. Anschließend gehen alle nach Hause zum Mittagessen, auf der Straße grüßen sich die Menschen: „Good Schabboz!" Wir sind bei Michael eingeladen. Alles ist sehr liebevoll gedeckt. Nachdem auch er das Kiddusch zelebriert hat, waschen alle die Hände nach einem vorgegebenen Ritual. Seine Küche ist klar getrennt zwischen der Seite für Milchprodukte und der Seite für Fleisch. Alles ist gestern vorgekocht worden und koscher. Es gibt eigene Kochgeräte, die das Essen über Nacht warm halten.

Es wird ein fröhliches, lebhaftes Essen, alle erzählen und lachen viel...

Unter den Gästen war auch Rabbiner Dr. Zvi Shapiro mit seiner Frau. Ein faszinierender Gesprächspartner. Er sagt unter anderem, Christen müssten verstehen, dass Jesus für Juden im Grunde nicht interessant sei. Das war natürlich Anlass zu spannenden Debatten.

Am Abend findet die große Gala der deutsch-amerikanischen Handelskammer statt. Sie wird dieses Jahr von der Handelskammer

Bayern und Audi gesponsert, so bekommen wir alle ein Lebkuchenherz „Gruß aus Bayern". Hier kommen einmal jährlich alle zusammen, die Handel in deutsch-amerikanischen Beziehungen treiben, Unternehmer, Vertreter deutscher Institutionen, „Vermittler zwischen beiden Kulturen". Es gibt erfreulich wenig Reden, gutes Essen, Musik und Tanz. Dazu eine Auktion zugunsten der SOS-Kinderdörfer.

Sonntag, 21. November

TV-Erfahrungen

Selten hier, aber: Es regnet in Strömen! Mit dem Fahrrad komme ich heute nicht zur Kirche. Und Busse fahren sonntags so gut wie gar nicht. Also schaue ich mir einen Fernsehgottesdienst an. Aber wieder ist es im Grunde kein Gottesdienst, sondern eine einzige weitschweifende Rede eines Predigers. Also fange ich an, herumzuzappen. Im Grunde überall das gleiche: lange und sehr belehrende Predigten in Konzerthallen oder Stadien, keine wirkliche Kirche irgendwo, keine erkennbare Liturgie. Da lob ich mir die ARD- und ZDF-Übertragungen, bei denen beispielsweise die Lieder eingeblendet werden, damit Menschen an den Fernsehern mitsingen können, wenn sie mögen, bei denen Glockengeläut zu hören ist und es Erklärungen gibt, aus welcher Ortsgemeinde übertragen wird. So gibt es eine feiernde, vor Ort eingebundene Gemeinde und eine Möglichkeit zur Beteiligung in Andacht.

Was Fernsehen betrifft, war ich in Deutschland lange entwöhnt, ich kam schlicht nie dazu, den Apparat anzustellen. Unten im Wohnheim gibt es einen kleinen Sportraum mit Laufgerät und

Auch in Nashville kann es passieren …

Mittwoch, 25. November

Welcome to

Congregation
Beth Jacob

"The Orthodox Synagogue for all Jews"

Shabbat Shalom

Parshas Vayishlach

13 Kislev 5771 · November 20, 2010

Torah reading: 170 (Stone), 195 (Soncino)
Haftarah reading: 1141 (Stone), 224 (Soncino)

... dass man an einem Herzinfarkt stirbt, aber im Gegensatz zu anderen Städten sind hier sofort mindestens drei Songwriter zur Stelle, um ein Lied darüber zu schreiben, und so bleibt man unvergessen.

Crosstrainer. Da das Joggen ohne Bürgersteige ziemlich gefährlich ist, bin ich darauf umgestiegen. Und dabei lässt sich erstaunlicherweise gut fernsehen.

Auffällig sind wie bei allem die Unterschiede. Das gilt nicht nur für die schon erwähnten so genannten religiösen Programme. Auffällig sind vor allem die Grenzüberschreitungen, die bei allem Boulevard und allen Mittagstalkshows so in Deutschland nicht denkbar sind. Bei „Joey Greco“ etwa wird explizit versucht, „Ehebruch“ aufzufinden, aufzudecken, zu konfrontieren. Bei „www.nocheaters.com“ kann beantragt werden, dass dein Ehepartner, deine Partnerin beobachtet werden. Und dann werden Bilder gezeigt.

Bei „Jerry Springer“ kommt sich die Zuschauende vor wie in einer römischen Arena mit Brot und Spielen. Die Menge tobt, brüllt „Jerry, Jerry“, während auf der „Bühne“ Frauen und Männer gewalttätig aufeinander losgehen, nur spärlich gebremst von zwei Kleiderschränken von Bodyguards. Männer ziehen hier Hemden aus, die Meute kreischt... Die armen, armen Kinder, um die es da oft geht, denke ich... (www.jerryspringertv.com).

Und es gibt so viele Anwälte. Haben Sie Probleme mit Ihrer Versicherung? Ich helfe Ihnen. Hatten Sie einen Unfall am Arbeitsplatz? Ich bin für Sie da. Wurden Sie bei einem Autounfall verletzt? Rufen Sie mich an! Sind Sie in der Sozialversicherung benachteiligt? Wir richten es für Sie. Und überall kannst du 24 Stunden, 7 Tage die Woche anrufen.

Kredite sind ein Thema: „I got my title back with titlemax.“ Offenbar ist das ein Kredit, mit dem ein beliehener Kfz-Schein zurückgeholt wird. Ziemlich gefährlich, das Ganze. Irgendwo muss das Geld ja wieder her kommen. Wichtig ist deshalb die „credit history“, so eine Art Schufa-Auskunft. Wenn du keine hast, ist die

Firma oder der Vermieter skeptisch. Ausländer, die zuziehen, müssen ihre Kreditgeschichte immer erst aufbauen.

Ungewohnt finde ich auch die Housing Advertisements. Es wird einerseits permanent etwas angeboten. Hauskaufen ist ein riesiges Thema. Dann wird gesagt, dass in dieser ökonomischen Krise alle, die verkaufen, nur verlieren können. Deshalb sei die Lösung, das eigene Haus zu verbessern, also preissicherer zu machen. Das muss ein ungeheurer Markt sein. In Deutschland wird immer gesagt, Amerikaner verkaufen und kaufen Häuser schnell und leicht. Das hängt auch damit zusammen, dass Haus und Gegend etwas über den sozialen Status aussagen. Aber für viele ist es ein Albtraum geworden, dass sie das eigene Haus als eine Art Lebensversicherung angesehen haben. Die ist ihnen unter den Fingern zerronnen.

Schließlich: Wenn es in Deutschland Anzeigen für Medikamente gibt, heißt es: „Bei Risiken und Nebenwirkungen fragen Sie Ihren Arzt oder Apotheker." Hier werden alle möglichen Nebenwirkungen, die bei uns auf dem Beipackzettel stehen, aufgezählt. Das wirkt derart abschreckend, dass ich denke: Kein Mensch wird das je nehmen. Aber die Angst vor Prozessen mit millionendollarschwerer Entschädigung ist enorm.

Montag, 22. November

Schulden

Ein Mitarbeiter der Universität erzählt, er habe vor 10 Jahren ein Haus in Florida für 150 000 Dollar gekauft. Jetzt ist es 60 000 Dollar wert. 50 000 Dollar aber hat er schon abbezahlt. Wenn er jetzt verkauft, schuldet er der Bank immer noch 100 000 Dollar. Das ist eine dieser Rechnungen, die kaum zu begreifen sind. Offenbar waren die Häuser völlig überbewertet. Allzu viele Familien haben sie dann auch noch beliehen, um anderes zu finanzieren. Sie alle stehen jetzt vor einem Scherbenhaufen, weil sie geliehen haben, wo es gar nichts zu beleihen gibt.

Ähnlich ist es mit Krediten. Sie werden ständig im Fernsehen angeboten. So wie ich es verstehe, beleihen die Menschen ihren Fahrzeugschein. Wehe, wenn ein Unfall passiert. Allzu viele sind überhaupt nicht versichert. Und wenn das Auto weg ist, ist oft der Job weg, weil es keine Möglichkeit gibt, mit öffentlichen Verkehrsmitteln zum Arbeitsplatz zu kommen. Es ist ein erschreckend kurzer Weg hier in Verschuldung und scheinbar ausweglose Armut.

Dienstag, 23. / Mittwoch, 24. November

Nashville, Tennessee

Eine vierstündige Autofahrt mit Jan Love. Sie muss zu einer Konferenz und nimmt mich mit nach Nashville. Die Bäume verfärben sich. Es ist gewiss nicht ganz so schön wie Indian Summer an der Ostküste, aber eine wunderschöne Landschaft. Im Auto erzähle ich von Kalifornien und sie lacht. Es gibt offenbar so viele Vorurteile wie zwischen Ostfriesen und Bayern. Jan verteidigt wacker den Süden, sie stammt aus Alabama!

1779 kamen die ersten Siedler hier in Nashville an. Heute ist diese Stadt ganz und gar auf Musik ausgerichtet. Sie heißt zwar auch „Athen des Südens“ – schon vor dem Bürgerkrieg, wohlgemerkt –, weil es 29 Colleges mit 100 000 Studierenden bei 600 000 Einwohnern gibt, aber Musik ist die fünftgrößte „industry". Allein 25 000 Songwriter leben hier, erzählt uns Tourguide Jim. Wir besuchen die „Country Hall of Fame", ein großes Museum der Country Music. Besonders an Hank Williams wird erinnert, der mit neunundzwanzig Jahren starb, aber auch alle anderen sind hier zu sehen, zu hören, ihre Kostüme, ihre Auszeichnungen und Geschichten.

Jim zeigt uns Orte, wo Platten aufgenommen wurden, Labels, Studios, erzählt von Elvis, der hier 1956 „Heartbreak Hotel" aufgenommen hat, von Jimi Hendrix, Bon Jovi und Little Richard, der hier wohnt und immer noch Shows macht, obwohl er weit über achtzig ist. Jim erinnert sich an sein erstes Konzert, fünfzehn Jahre alt war er, Chuck Berry – seitdem sei er infiziert. Das ist zu spüren. Der Mann liebt seine Stadt, in der er geboren ist, und die Musik. Oprah Winfrey (www.oprah.com) hatte hier ihren ersten Fernsehauftritt und Jim erzählt, sie habe mit ihrem Geld alles erreicht, aber nicht, dass ihr Vater aufhören würde, jeden Tag in seinem Barbershop zu arbeiten. Dann zeigt er uns das Hermitage Hotel (www.thehermitagehotel.com), in dem über das Frauenwahlrecht abgestimmt wurde – seitdem regieren die Frauen das Land, meint er.

Der Mann hat einen derben Humor mit tiefem Südstaatenakzent. Eine Skulptur am Fluss, die der Bürgermeister habe aufstellen lassen, sei wohl dazu da, ihnen, den „Hillbillies", ein bisschen Kultur beizubringen, aber was das Ding solle, wisse keiner so recht. Auch in Nashville könne es passieren, dass man an einem Herzinfarkt stirbt, aber im Gegensatz zu anderen Städten seien dann sofort mindestens drei Songwriter zur Stelle, um ein Lied darüber zu schreiben, und so bleibe man unvergessen. Besonders abgesehen hat er es auf die Kalifornier. Als wir halten, sagt er, wir würden es sicher alle schaffen, in 30 Minuten wieder da zu sein – es sei denn, es wären Leute aus Kalifornien dabei. Oder: In einem für eine Weltausstellung angelegten See wurden Alligatoren und Gänse angesiedelt – das ging natürlich schief. So schlau sind manche bei uns, sagt er und dann: Solche Leute schicken wir heute alle nach Washington…

Aber auch hier ist Religion gegenwärtig, schließlich befinden wir uns im Bible Belt. Die Gideonzentrale hat hier ihren Sitz. Sie verbreitet weltweit Bibeln in Hotels. Und so befindet sich hier auch die laut Jim größte Bibeldruckerei der Welt, Thomas Nelson Publisher (www.thomasnelson.com). Die Southern Baptist Convention hat hier ebenfalls ihre Zentrale. Auf zwei Hochhäusern prangt in großen Buchstaben das Wort „Baptist". Vor einem der Gebäude steht eine große Statue von Billy Graham.

Jim erzählt, mit vielen konservativen Christen habe es jüngst heftige Debatten um eine große Skulptur mit nackten Figuren gegeben; am Verkehrskreisel, an dem sie steht, habe es mehrere Unfälle gegeben. Aber er sagt, in den Südstaaten würden sie halt unterscheiden. „Naked" meine, „they are up to something", „nude" sei schlicht und harmlos nackt. Und so bleibt die Skulptur stehen. Immerhin, meint Jim, sei Nashville die erste Stadt, in der die Prostitution legalisiert wurde, weil ein General im Bürgerkrieg seine Truppe stärken wollte. Und es sei ein baptistischer Pfarrer, Elijah Craig, gewesen, der den Bourbon erfunden habe, der hier mit all den Destillerien allgegenwärtig ist.

So überrascht es fast nicht, dass er uns zu einem ersten Konzerthaus führt, das als „Mother Church of Country Music" bezeichnet wird: das „Ryman Auditorium" (www.ryman.com). Es wurde Ende des 19. Jahrhunderts als Predigtstätte für den Evangelisten Sam Jones von dem Geschäftsmann Thomas G. Ryman gebaut – auch damals gab es offenbar gute Beziehungen. Später fanden dort Gospelkonzerte statt. Heute ist es ein bekannter Ort für Country Music neben der größeren Grand Ole Opry, einem riesigen Konzertsaal, in dem wir abends ein Country Classic Konzert erleben. Dabei ist furchtbar störend, dass für jeden der drei Programmpunkte ein Sponsor vorhanden ist: eine Versicherung, eine Bank und eine Lebensmittelkette. So muss das Publikum ertragen, dass zwischen den Musikstücken jeweils ein Herr unten links an einem Pult Reklame für diese Einrichtungen macht. Ätzend. Ich hoffe, soweit kommt es mit dem Sponsoring in Deutschland nicht.

Donnerstag, 25. November

Thanksgiving

Am Mittwoch stand wie erwartet hier schon alles still. Die Flughäfen waren überlastet, die Straßen auch, Millionen Amerikaner wollen „home for Thanksgiving“. Ich bin nett eingeladen im eher kleineren Kreis bei Janice Love mit Ehemann, Mutter, Schwester und Lebenspartnerin. Ich kenne Jan schon seit 1983, sie hat drei Schwestern, wir haben einander viel erzählt. Aber es ist das erste Mal, dass ich eine der Schwestern und die Mutter treffe, das ist toll. Und das Dinner, das wohlgemerkt Peter gekocht hat, ist riesig. Unvermeidlich ein großer Truthahn, viele Stuffings, Bohnen, Gemüse, und natürlich Pies allerorten.

Freitag, 26. November

Black Friday

Heute ist so etwas wie Sommer- und Winterschlussverkauf, alles an einem Tag. Allüberall sind Schnäppchen angesagt. In einigen Kaufhäusern gab es Verletzte, weil die Menschen derart gedrängt an den Türen warteten und dann los rannten. Manche Geschäfte haben schon um vier Uhr morgens geöffnet! Die Nachrichten sagen, der Umsatz sei mehr als 30 Prozent besser gewesen als letztes Jahr, das sei ein gutes Zeichen für die Wirtschaft. Dabei ist schwer zu sagen, was denn die „Holiday Season" ist. Von Thanksgiving bis Weihnachten ist das irgendwie durchgehend. Inhalte aber sind schwer auszumachen. Na ja, wie in Deutschland, da wird Weihnachten ja auch immer mehr zum Winterwohlfühlfest und Advent ist schwer zu beschreiben.

Sonntag, 28. November

Redeemer Church

Advent spielt hier kaum eine Rolle. Schön daher, am ersten Advent in der Deutschen Gemeinde predigen zu können. Sie ist in der Redeemer Church beheimatet. Geschätzt bis zu 15 000 Deutsche leben in Atlanta, allein 300 deutsche Unternehmen sind in North Georgia angesiedelt von Siemens über Lufthansa bis Porsche. 80 Familien sind in der Gemeinde offiziell registriert, 35 bestreiten den Unterhalt.

Die Deutsche Gemeinde ist seit etwa 13 Jahren bei der Redeemer Church untergekommen. Das ist die lutherische Gemeinde in der Region Atlanta. Ich habe kürzlich einen Vortrag hier gehalten: eine richtig große Kirche, mehrere Pastoren, Jugendarbeit, Kinderkreise. Die beiden kleineren deutschen Gemeinden St. John's und Decatur können da nicht mithalten.

In der Deutschen Gemeinde gab es für zweimal fünf Jahre einen eigenen Pastor. Die Abmachung war, dass dieser Pastor 20 Prozent für die Redeemer-Gemeinde gibt, dafür darf ein Büro und der Gottesdienstraum umsonst genutzt werden. Der letzte Pastor ging im Oktober 2008. Pastor Haco von Hacke übernimmt die Aufgaben seit Juli 2009 für ein halbes Gehalt. Er hat in der Wirtschaftskrise 42 Prozent seiner Pension verloren und ist froh über den Zuverdienst. Seine Familie stammt aus den Hackeschen Höfen in Berlin. Das sei aber klar eine „Übergangslösung", wie er sagt. Sein Deutsch ist begrenzt und er will eher bewahren als verändern, damit ein neuer Pastor neu anfangen kann.

Wie das werden soll, ist unklar. Beim Mittagessen sagt der Kirchenvorstand, er sei zuversichtlich. Aber es sei halt schwer, Gemeindeglieder zu gewinnen. Die einen wollten nichts mit der Kirche zu tun haben. Die anderen suchen eine Kirche in der Wohngegend. Andererseits bietet diese Gemeinde kulturelle Beheimatung. Sie ist erklärt überkonfessionell. Mehr als 30 Prozent der Mitglieder sind Katholiken – auch eine Form von Ökumene! Allerdings sind die Deutschen nicht gewohnt zu geben, mein Pastor von Hacke. Mit zehn Prozent von seinem halben Gehalt ist er der zweitgrößte finanzielle Geber der Gemeinde. Herr Halle (s.o., Coca-Cola) war zu seinen Lebzeiten übrigens der wohl großzügigste Unterstützer.

Zum Gottesdienst in einer Kapelle der Redeemer Church kommen gut 60 Menschen, das ist sehr viel. Und es tut gut, miteinander „Macht hoch die Tür" und „Tochter Zion" zu singen. Sogar einen Adventskranz gibt es. Mit drei lila und einer rosa Kerze. Pastor Hacke erklärt, das seien traditionelle Farben, die rosafarbene wird am dritten Advent angezündet, zur Freude. Ich bin erstaunt. Und er ist erstaunt, als ich sage, dass in Deutschland die Kerzen auf dem Kranz in der Regel rot sind. Meine Predigt halte ich über Türen im Advent.

Montag, 29. November

Harvard

Harvard, 1636 gegründet, ist eine wunderbare, altehrwürdige Universität. Eingeladen hat mich die Kennedy School zu einer ihrer McCloy Lectures. Die Kennedy School bildet junge Leute aus in „öffentlicher Verantwortung" und im McCloy-Programm können junge Leute, die bereits Berufserfahrung haben, in Zusammenarbeit mit der Studienstiftung des Deutschen Volkes für zwei Jahre daran Teil nehmen. Das Programm ist benannt nach John Jay McCloy, der in Harvard Jura studierte und sich später auf Beziehungen zu Deutschland konzentrierte. Unter anderem war er 1936 zu den Olympischen Spielen in Berlin. Später hat er in der amerikanischen Politik als Berater verschiedener Präsidenten offenbar eine große Rolle gespielt.

Manuel, ein Student im McCloy-Programm, macht mit mir eine wunderbare Tour über das Gelände. Er zeigt mir die Bibliothek. Sie wurde von der Mutter eines Harvard-Absolventen gestiftet, der mit der Titanic ums Leben kam. Angeblich verließ er sein Rettungsboot, um eine Gutenbergbibel zu holen. Ein kleiner Raum, den nur der Direktor betreten darf, hat einen Schreibtisch mit seinem Bild. Täglich wird ein Strauß frischer Blumen dorthin gestellt.

Es gibt offensichtlich viele Geschichten, die sich um Harvard ranken. Und viele Traditionen. Wir stehen vor der Statue von John Harvard. Das allerdings ist eine Lüge, denn der sah wohl ganz anders aus! Sehr passend zu einer Universität, deren Motto „Veritas" (Wahrheit) ist :-). Als Manuel mir gerade erzählt, ich solle den blankgewetzten Fuß Harvards besser nicht anfassen, es sei Tradition, dass jeder Harvard-Student einmal in der Nacht dagegen pinkelt, kommt eine Gruppe japanischer Touristen. Sie alle lassen sich prompt mit Hand auf Harvards Fuß ablichten – brrrrrr!

Abends bin ich bei Diana und Dorothy zum Essen eingeladen. Ich kenne Diana seit über 20 Jahren, beim Ökumenischen Rat der Kirchen haben wir anlässlich einer Tagung in Moskau mal ein Zimmer geteilt. Sie ist Professorin an der Theologischen Fakultät, Dorothy, ihre Lebenspartnerin, ist Universitätspastorin. Sie haben eine anregende Runde zum Essen geladen, gemischt aus der einladenden Kennedy School und der Theologischen Fakultät. Harvey Cox ist anwesend und auch Elisabeth Schüssler-Fiorenza. Es ist mir eine Ehre, die beiden zu treffen. Ein wunderbarer Abend zu zwölft am Tisch mit vielen Gesprächen über Politik und Religion, die USA und Deutschland ...

Dienstag, 30. November

Boston

Morgens gibt es 8.45 Uhr eine Andacht in der Kapelle. Erst danach kann die Bibliothek öffnen ...

Bei der Führung durch die Kirche bewegt mich, dass an den Wänden der toten Harvard-Absolventen in den Kriegen gedacht wird. In der Memorial Hall, heute dem Essenssaal für Undergraduates, ist der Toten aus dem Bürgerkrieg gedacht, hier beginnt es mit dem Ersten Weltkrieg, es folgen der Zweite, der Koreakrieg und der Vietnamkrieg. Bedrückend. So gut ausgebildete junge Männer – und vier Frauen. Bei den letzten beiden Kriegen sind es weniger – keine Wehrpflicht mehr, weniger Harvard-Absolventen in der Armee... Erstaunlich ist der Name eines Deutschen, „auf der Feindseite gefallen". Selbst Harvard-Absolventen kämpften also gegeneinander.

Professor Matthias Risse fährt mit mir mit der U-Bahn nach Boston. Eine schöne Stadt! Beacon Hill ist ein gemütliches Viertel mit Gassen und kleinen Häusern – mutet sehr europäisch an. Der Charlesfluss wurde bewusst nach dem Vorbild der Außen- und Binnenalster in Hamburg gestaltet.

Abends halte ich meinen Vortrag über das Reformationsjubiläum und die Folgen. Der Hörsaal ist überfüllt und es gibt viele Nachfragen, die sich später nach dem Dinner fortsetzen. Anwesend ist unter anderem Franz M. Haniel, Vorsitzender einer Familienstiftung, die die McCloy Vorträge finanziert. Und wieder ein für mich anregender Abend mit vielen Gesprächen mit Menschen der unterschiedlichsten Biografie. Am Ende werde ich gefragt, ob ich auch mal ein Semester nach Harvard kommen würde. O ja, das würde ich echt gern, es ist ein spannender und lebenswerter Ort, finde ich nach der kurzen Stippvisite.

Mittwoch, 1. Dezember

Happy Hannukah

In den Zeitungen heute sind viele Anzeigen von Firmen mit „Happy Hannukah“ betitelt. Das jüdische Lichterfest. Es wird ja überall Wert darauf gelegt, dass es die „Holiday Season“ ist und nicht etwa die „Christmas Season“, um niemanden aufgrund von Religion oder Nicht-Religion zu diskriminieren.

In einem Artikel mit leicht ironischem Unterton in der New York Times „Hannukah Rekindled“ schreibt Howard Jacobson, dass Hannukah zwar ein allein akustisch herrliches Wort sei, aber der Inhalt dieses Festes sei viel schwerer zu fassen. Erinnert werde an die Makkabäer, die 165 nach Christus die syrisch-griechische Armee schlugen und den Tempel neu weihten. Hannukah bedeute „Weihe“ und so würden Kerzen angezündet zur Erinnerung an dieses Neu-Weihen des zweiten Tempels. Aber, fragt er, was bedeutet das für Juden heute? Es sei schwer, dem Fest einen wirklichen Inhalt zu geben, anders als bei anderen jüdischen Festen. Kerzen anzünden aber sei schön. Und da fiele ihm ein, dass in Deutschland die so genannten „Berliner“ in direkter Verbindung zu den frittierten Kuchen stehen, die Juden an Hannukah backen, um das Wunder des Lichtes zu feiern. So wäre Hannukah dann in Deutschland wohl unwissentlich weiter gefeiert worden, als alle Juden weg waren. Das wäre nun ein Sieg von Hannukah, auf den er gerne zwei Kerzen anzünde.

„Multikulti" ist hier Lebensrealität

Samstag, 4. Dezember

Es ist und bleibt ein anderes Lebensgefühl. Im Laufe eines Gespräches hier wird fast jeder und jede erzählen, woher die Eltern oder Großeltern oder Urgroßeltern stammen

Stand in Awe under the Glory Window

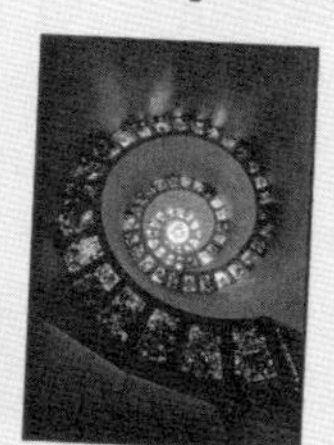

Walk through a Garden of Surprises

Discover the Secrets of Thanksgiving

Donnerstag, 2. Dezember

Namen

Immer wieder begegnet das Thema „Namen“. Einerseits dürfen bei Bewerbungen keine Fotos mitgeschickt werden, damit es keine rassistischen Vorurteile gibt, und auch das Alter darf nicht nachgefragt werden. Andererseits sagen Namen viel über die Herkunft. Gerade Afro-Amerikaner erfinden geradezu Namen. Ihnen wurden die Nachnamen der Sklavenhalter aufgezwungen, so dass sie es als Freiheit sehen, eigene Namen zu kreieren. Bei den Nachnamen hat der berühmte Malcolm X dabei einen Meilenstein gesetzt. Weiße nennen ihre Kinder oft sehr bewusst Emily oder John, um deutlich zu machen: glasklar weiße Mittelklasse. Da ist dann kein Foto mehr nötig.

Als ich bei einem Mittagessen erzähle, dass in Deutschland das Standesamt eine Namensgebung verweigern kann, wenn zu befürchten ist, dass sie für ein Kind Nachteile bringt oder es der Lächerlichkeit preisgibt, staunen viele. Eine Frau sagt: „Wenn ich meinem Kind den Namen ‚Neonlampe‘ gebe, heißt es halt so, da hat doch der Staat nichts zu suchen!“

Daraufhin erzähle ich, dass der Staat auch Kinder davor schützt, Eltern ganz und gar ausgeliefert zu sein, indem er öffentlich Schulpflicht verteidigt. Ein Ehepaar hatte in Deutschland ja vor einiger Zeit darum geklagt, die Kinder zu Hause zu unterrichten. Alle Instanzen haben das abgelehnt. Inzwischen haben sie Asyl in den USA erhalten ... Die Empörung ist groß. Die Eltern wüssten schließlich am Besten, was gut für das Kind sei. Das sind wirklich sehr verschiedene Ansätze.

Freitag, 3. Dezember

Farewell

Ach, das fällt mir doch schwer, der letzte Tag auf dem Campus! Die Bibliothekstruppe hat mich zum Mittagessen eingeladen. Wie können wir die Fakultäten in Göttingen und Atlanta wieder besser verbinden, ist die Frage. Und wo gibt es Bibliotheken in Deutschland, die Bestände gern abgeben würden, wie lassen sich da Kontakte knüpfen? Ich bin gern hier, aber langsam mischt sich auch etwas Abschiedsschmerz und Vorfreude auf Zuhause unter alles. Ich gebe den Büroschlüssel ab, die Sekretärin der Dekanin umarmt mich, Don, der das Apartment, in dem ich gewohnt habe, verwaltet, ebenso. Im Büro, das für die Lehrenden Umschläge bereit hält, scannt, Kopien macht, Post annimmt, sind die Mitarbeitenden total nett und die Chefin drückt mich noch einmal. Ich fahre den PC das letzte Mal herunter und hinterlasse der Professorin, die mir in ihrem „Sabbatical" ihr Büro geliehen hat, einen Gruß mit deutscher Schokolade. Mit etwas Wehmut radle ich bei wunderbarem Sonnenschein ein letztes Mal zurück zum Wohnheim. Heute Abend gebe ich das Fahrrad zurück. So gerne ich zurück nach Deutschland fahre, bin ich doch auch ein bisschen traurig. Das war eine ganz besondere Zeit …

Samstag, 4. Dezember

Abschiedsessen

Einladung zum Abschiedsessen. Ein Professorenehepaar amerikanisch-deutsch. Der siebenjährige Sohn spricht beide Sprachen fließend, das haben sie großartig hinbekommen. Ich habe viele Paare hier getroffen, die auf diese Weise zwei Kulturen verbinden: äthiopisch-deutsch/amerikanisch, japanisch-deutsch/amerikanisch, französisch-deutsch in den USA. Hier gibt es schlicht eine Mischung von Kulturen in einer Vielfalt, wie sie in Deutschland immer noch ungewöhnlich ist. In meinem ersten Tagebucheintrag habe ich das thematisiert. In Kommentaren zum parallelen Blog wurde das als eher naiv angesehen. Aber es ist und bleibt ein anderes Lebensgefühl. Im Laufe eines Gespräches hier wird fast jeder und jede erzählen, woher die Eltern oder Großeltern oder Urgroßeltern stammen. Was bei uns als „Multikulti" gern sehr abfällig konnotiert wird, ist hier Teil der Lebensrealität.

Sonntag, 5. Dezember

Church mit Jan

Mein letzter Sonntag. Mit Jan gehe ich in „ihre" Kirche, die Peachtree Road United Methodist Church. An die kleine Kirche wurde vor zehn Jahren eine sehr große angebaut, die geschätzt 800 Sitzplätze hat. Zwischen 11 Uhr und 11.15 Uhr füllt sie sich bis in die letzte Reihe, ich schätze 800 Menschen. 25 Prozent der Anwesenden werden vorher um 10 Uhr eine Sunday Class besucht haben. Allerdings: Einen Afro-Amerikaner kann ich hier nicht entdecken. Das kirchliche Leben ist doch sehr getrennt.

Der Gottesdienst beginnt mit einem Satz von Praetorius und dann einem ganz großen Einzug zu einem Choral, den die Gemeinde singt. Kreuz und Kerzen, ein riesiger Chor und dann die Pastorinnen und Pastoren in Schwarz. Zur Begrüßung wird gesagt, dass die Gemeinde inzwischen bei mehr als 1,2 Millionen Einnahmen sei, es werde aber darauf gehofft, auf 1,3 Millionen zu kommen, um am Jahresende in den schwarzen Zahlen zu sein. Und das Finanzkomitee bitte schon mal für die „pledges" für 2011, also die Ankündigung, wie viel ein Gemeindemitglied im Jahr zu geben plane. Jan sagt, sie plane, nächstes Jahr 4 000 Dollar zu geben. Und gleichzeitig füllt sie einen Scheck über 200 Dollar für die Kollekte aus. Das ist zusätzlich zur generellen Unterstützung der Gemeinde für soziale Projekte. Gerade jetzt im Winter sind sie notwendig. Viele Menschen sind dringend auf Kleidung und Nahrungsmittel angewiesen, die Kirchengemeinden überall im Land zur Verfügung stellen.

Danach werden die beiden Adventskerzen entzündet. Wie letztes Wochenende sind es drei lilafarbene und eine rosafarbene Kerze. Die Erklärung: am ersten, zweiten und vierten Advent werden Kerzen für Hoffnung, Frieden und Liebe in Lila entzündet. Am dritten Advent steht die rosa Kerze für Freude. Davon habe ich noch nie gehört, was wiederum Erstaunen auslöst, alle dachten, das wäre in Deutschland genau so...

Anschließend werden zwei Säuglinge getauft. Das geht alles sehr zügig vor sich, das Wasser fließt nicht ganz so, wie ich es einmal gelernt habe. Es wird eher über den Kopf gestrichen. Danach tragen ein Pastor und eine Pastorin die beiden durch die Gemeinde. Erstaunlicherweise lassen sie das alles in Ruhe über sich ergehen. Dann kommen alle Kinder nach vorn und ihnen wird erzählt, wie wichtig es sei, zu verstehen, dass Jesus uns liebt. „Wer hat schon einen Weihnachtsbaum zuhause stehen?" Offenbar alle. Geschenke scheinen auch schon drunter zu liegen. Die Pastorin zeigt einen Baumanhänger mit Santa Claus an der Krippe. Das zeige, dass auch Santa Claus das Baby Jesus anbete – ich bin Gast und werde mich

Driving home for Christmas

Montag, 6. Dezember

PEACHTREE ROAD
UNITED METHODIST CHURCH

SECOND SUNDAY OF ADV

…r 5, 2010

Advent is a season of four weeks including four Sundays. *Advent* derives from Latin *adventus*, which means "coming." The season proclaims the comings of Christ – whose birth we prepare to celebrate once again, who comes continual Word and Spirit, and whose return in final victory we anticipate. Each year Ad calls the community of faith to prepare for these comings. Purple and blue are colors of this season symbolizing penitence, royalty and hope.

-Adapted from the United Methodist Book of Worship, published by The United Met Publishing House, Nashville, Tennessee, 1992.

PEACHTREE ROAD UNITED METHODIST CHURCH
…ACHTREE ROAD NORTHWEST . ATLANTA, GEORGIA 30305 . WWW.PRUMC.O
… / 404.266.2373 . PASTORAL CARE EMERGENCY / 404.419.7591

Nun bin ich gespannt, wie es weitergeht, nächstes Jahr an der Uni in Bochum und dann – wer weiß? Auf jeden Fall bin ich dankbar für diese dreieinhalb Monate in den USA

ECONOMY
Bordkarte/Boarding Pass 133
…ESSMANN/MARGOT API OK
ETKT 220 7845535619
ATL
FRA
LUFTHANSA
LH 445 W 06DEC SEN
E28
1740 24K
NONSMOKER
01

höflicherweise nicht dazu äußern, dass ich mich wirklich frage, was das denn nun theologisch bedeuten soll...

Dann werden drei neue Mitglieder nach vorn gebeten. Sie werden gefragt, ob sie Gott über alle Dinge lieben und ihre Nächsten wie sich selbst und sich in der Gemeinde engagieren wollen. Sie sagen ja und werden ihren „Shepherds" übergeben, den Gemeindemitgliedern, die sie auf dem Weg in die Gemeinde begleiten.

Anschließend gibt es ein Fürbittengebet mit Gebetsanliegen, die vorher mit einem „Prayer Request" eingereicht werden können. Das Gebet endet mit dem gemeinsam gesprochenen Vaterunser.

Es folgt eine große weitere Prozession, die Bibel wird herein gebracht. Anschließend predigt Pastor Bill Britt über Lukas 2,1-7, bei uns in Deutschland eigentlich Predigttext am Heiligen Abend. Er erzählt davon, wie sie in seiner Kindheit den Weihnachtsbaum nach amerikanischer Tradition am Samstag nach Thanksgiving aufstellten. Aber immer nadelte er bald, auch wenn er mit seinem Geruch und seiner Präsenz das Haus verwandelte. Am Ende entschlossen sich die Eltern zu einem künstlichen Baum. Und, so sagt er, vieles an Weihnachten ist künstlich. Aber wir können widerstehen, wenn wir den Gottesdienst im Zentrum halten und weniger Geld ausgeben. Und dann gibt er mit heftiger Konsumkritik Beispiele, wie weniger ausgegeben werden kann für Sachen, die wir nicht brauchen und für die wir kein Geld haben. Es gehe darum, neue Wege zum einfachen Leben zu finden. Am Ende erzählt er die Geschichte von einem Hund, der lange an Rennen teilgenommen hat, aber dann froh war, einfach zu einer Familie zu gehören, weil er begriffen hatte, dass er nur einem Plastikhasen hinterhergerannt war, der gar nicht real war. Weihnachten aber gehe es um das Reale, um die Beziehung zu Gott. Offen gestanden, so ganz mitgerissen bin ich nicht...

Nach der Predigt wird um die Kollekte gebeten. Damit diejenigen, die via Internet spenden, sich nicht schämen müssen, gibt es Karten mit der Aufschrift: „I give“, die Mitglieder in den Kollektenteller legen können …

Zum Lunch lädt mich Jan als Abschiedsessen in „Babette's Cafe“ ein. Eine Art Frauencafé, weil von einer Frau, Marla Adams, betrieben, die eine große Liebe zu Frankreich hat. Und so esse ich mitten in Atlanta zum Abschied eine Quiche Lorraine …

Wir sprechen darüber, dass wir uns nun seit 27 Jahren kennen. Und über alle kulturellen Schranken hinweg so viel miteinander erlebt und erlitten haben. Vielleicht nehmen wir uns doch noch einmal Zeit zusammen und schreiben ein Buch über die „Theologie der Freundschaft“. Das wollte ich schon lange, seit ich über die ökumenischen Freundschaften gelesen habe, die etwa bei Bonhoeffer und Visser 't Hooft, bei George Bell und Madeleine Barot selbst die nationalen Zerreißproben des Zweiten Weltkrieges überstanden haben. Mal sehen …

Montag, 6. Dezember

Abflug an Nikolaus

Vom Flughafen Hartsfield-Jackson bin ich inzwischen mehrmals abgeflogen. Bei den letzten Ankünften was es schon fast ein bisschen wie „nach Hause kommen“. Heute habe ich nun mein kleines Apartment geputzt, Bettwäsche und Handtücher gewaschen, gepackt, die Schlüssel abgegeben. Jetzt freue ich mich auf „Zuhause“. Hannover wird es nicht mehr sein. Lange Zeit dachte ich, dort würde ich bis zum Ruhestand arbeiten und dann irgendwo nett an der Eilenriede wohnen. Aber in Deutschland fühle ich mich zu Hause. Ich freue mich auf meine Töchter, die ich doch sehr vermisst habe. Allerdings: Skypen ist eine wunderbare Innovation. Da lässt es sich gut in Kontakt bleiben auch zu Alltagsfragen und ohne hohe Rechnung. Das Internet hat wahrhaftig auch viele Vorteile. Als ich 1974 / 75 hier war, rief meine Mutter samstags um 10 Uhr an. Wir haben uns immer beeilt, denn es war teuer... Aber alles Skypen und Telefonieren kann nicht echte Begegnung ersetzen.

Nun bin ich gespannt, wie es weitergeht, nächstes Jahr an der Uni in Bochum und dann – wer weiß? Auf jeden Fall bin ich dankbar für diese dreieinhalb Monate in den USA. Es war eine gute Zeit, die mich hat Abstand gewinnen lassen, wunderbare neue Erfahrungen ermöglicht hat und mir Zeit geschenkt hat, zu lesen und zu schreiben. Aber „driving home for Christmas", das ist mir schon wichtig, ich freu mich auf Weihnachten mit meinen Töchtern in Berlin.

ANHANG

Landkarte

Einige Tage nach meinem Rücktritt als Landesbischöfin und Ratsvorsitzende der Evangelischen Kirche in Deutschland lud mich die Dekanin der Candler Faculty of Theology an der Emory University in Atlanta ein, das Herbstsemester bei ihr an der Fakultät zu verbringen. Nach kurzem Zögern nahm ich an. Von hier aus reiste ich zu vielen Einladungen, Vorträgen und Besuchen, nach San Diego, Dallas, Charlotte, New York und Harvard ... So sammelte ich noch einmal neu Eindrücke von einem Land, das ich zum letzten Mal in einem Schuljahr in Connecticut 1974/75 so intensiv wahrnehmen konnte.

North-Dakota
Minnesota
South-Dakota
Wisconsin
Michigan
Iowa
Nebraska
Illinois
Indiana
Ohio
Pennsylvania
New York
New Hampshire
Maine
Vermont
Massachusetts
Rhode Island
Connecticut
New Jersey
Delaware
Maryland
West-Virginia
Virginia
Kansas
Missouri
Kentucky
Tennessee
North-Carolina
South-Carolina
Oklahoma
Arkansas
Mississippi
Alabama
Georgia
Texas
Louisiana
Florida
Harvard
Boston
New York
Montreat
Asheville
Charlotte
Stone Mountain
Atlanta
Charleston
Savannah
Hilton Head
Nashville
Dallas
0 100 200 300 km

Glossar

Für die Panel Study of American Religion and Ethnicity (PS-ARE), gegründet von der Lilly Endowment Inc., der University of Notre Dame und der Rice University, wurden von April bis Oktober 2006 2610 Interviews zum Thema Religion und Religionszugehörigkeit geführt. Die Professoren Michael O. Emerson und David H. Sikkink wollten dabei herausfinden, wie ethnische und rassische Unterschiede sich auf Alltagsreligiosität auswirken und wie umgekehrt Religionszugehörigkeit und Religionskonversion Individuen, Familien, soziale Gruppen über Generationen hinweg prägen. Die spektakuläre Untersuchung, die mit acht ethnischen Kategorien arbeitet, findet sich auf www.ps-are.org.

Martin Luther King jr. wurde am 15. Januar 1929 in Atlanta, Georgia in eine Zeit von Rassentrennung und Diskriminierung von Schwarzen geboren. Der studierte Theologe kämpfte ab Mitte der 1950er Jahre gewaltfrei gegen Diskriminierung jeder Art, vor allem aber für die Rechte der Schwarzen. Er verkörpert die gewaltlose Bürgerrechtsbewegung. 1960 übernimmt er von seinem Vater das Pastorat an der Ebenezer Baptist Church in Atlanta. Er erhält 1964 den Friedensnobelpreis. Am 4. April 1968 wird Martin Luther King jr. in Memphis, Tennessee erschossen.

Die Tea-Party-Bewegung ist eine US-amerikanische populistische Protestbewegung am rechten Rand der konservativen republikanischen Partei (GOP, Grand Old Party genannt). Als Reaktion auf

Bankenrettungsversuche und Konjunkturpakete im Zusammenhang mit der Finanzkrise mobilisierte sie 2009 ihre Anhänger gegen Steuerpolitik und andere Maßnahmen der Bundesregierung in Washington. Der Name der Bewegung bezieht sich auf die Boston Tea Party von 1773, als amerikanische Revolutionäre aus Protest gegen die britische Kolonialpolitik eine Teeladung in den Hafen von Boston warfen. Der Radio- und Fernsehmoderator Glenn Beck gilt als Gesicht und Stimme der Tea-Party-Bewegung.

Als **Amerikanischer Bürgerkrieg** oder **Sezessionskrieg** wird der militärische Konflikt zwischen den aus der Union der Vereinigten Staaten ausgetretenen Südstaaten – der Konföderation – und den in der Union verbliebenen Nordstaaten von 1861 bis 1865 bezeichnet. William Tecumseh Sherman (1820–1891), einer der bekanntesten Generale dieses Krieges, kämpfte auf Seiten der Nordstaaten. Sein Name ist eng verbunden mit der Einnahme Atlantas und dem daran anschließenden Marsch nach Savannah, der als „Marsch zum Meer“ in die amerikanische Geschichte einging.

Die Cherokee sind das größte noch existierende Indianervolk Nordamerikas. Ihr Siedlungsgebiet umfasste ursprünglich das Gebiet vom Ohio River bis hinein in die heutigen US-Bundesstaaten Georgia und Alabama. In den Vereinigten Staaten leben heute fast 700 000 Cherokee oder Cherokee-Stämmige.

Lake Wobegon ist der Name einer fiktiven Kleinstadt im amerikanischen Mittelwesten, in dem viele Geschichten des Schriftstellers Garrison Keillor spielen. Angeblich leitet sich der Name von einem indianischen Wort her: „Wir saßen den ganzen Tag im Regen und haben auf euch gewartet." Das englische „woebegone" bedeutet allerdings „jammervoll" oder „leidvoll".

Der Puritanismus war eine Reformbewegung in England und Schottland vom 16. bis zum 18. Jahrhundert, die für eine weitreichende Reformation der Kirche nach calvinistischen Grundsätzen eintrat. Die Bezeichnung „Puritaner" wurde zunächst als Spottname gegen derart gesinnte Laien und Geistliche verwendet und leitet sich ab von ihren Forderungen nach einer „Reinigung" der Kirche von „papistischen", also römisch-katholischen Lehren. Puritanismus wird heute auch als Synonym für „Moralismus" verwendet.

Der Soup Nazi ist bekannt aus der US-amerikanischen Erfolgsserie „Seinfeld". In einer Folge tritt der „Suppen-Nazi" auf, als Koch eines Suppen-Imbisses. Dieser sorgt dafür, dass in seinem Laden alles geregelt abläuft. Alle müssen sich präzise anstellen und dabei den Mund halten. Wer einen Fehler macht, bekommt keine Suppe.

Die Emory University gliedert sich in Undergraduates und Graduate Schools:
Undergraduates: Emory College, Oxford College, Business School, Nursing School.
Graduate Schools: School of Theology, Business School, School of Law, School of Medicine, School of Nursing, School of Public Health.

Es gibt vier theologische Seminare in Atlanta: Die Candler School of Theology ist mehrheitlich von Methodisten besucht, hat aber zunehmend auch Studierende aus dem baptistischen und evangelikalen Bereich. Das Columbia Seminary wird zu 70 Prozent von Presbyterianern, also Reformierten besucht. MacAffee, Teil der Mercer-Universität, ist verbunden mit der Cooperative Baptist Fellowshhip. Das ITC – International Theological Center – ist ein Zusammenschluss historischer schwarzer Seminare.

John Fitzgerald „Jack" Kennedy (1917–1963) war von 1961 bis 1963 der 35. Präsident der Vereinigten Staaten und Mitglied der Demokratischen Partei. Kennedy war der jüngste ins Amt gewählte US-Präsident und der bislang einzige Katholik in diesem Amt. Die Hintergründe seiner Ermordung 1963 sind bis heute stark umstritten.

UNIFEM, der Entwicklungsfonds der Vereinten Nationen für Frauen, wurde 1976 mit dem Ziel gegründet, finanzielle und technische Unterstützung bei Innovationsprogrammen, der Verwirklichung frauenspezifischer Menschenrechtsanliegen, der Verwirklichung politischer Gleichberechtigung und ökonomischer Chancengleichheit anzubieten. Innerhalb der UNO sorgt UNIFEM dafür, dass sämtliche Projekte auch aus der Gender-Perspektive bewertet werden.

Grand Wizard, auch Imperial Wizard (Großer/Imperialer Hexer) ist in der Hierarchie des Ku-Klux-Klans der höchste Titel, der vergeben wird. Der rassistische Geheimbund Ku-Klux-Klan (KKK) wurde am 24. Dezember 1865 in Pulaski, Tennessee gegründet mit dem Ziel, die Schwarzen wieder zu versklaven. Zu anderen rassistischen Gruppierungen gibt es enge Verbindungen, wie zum Beispiel zu der World Church of the Creator, einer Glaubensgemeinschaft, die in der Vergangenheit u.a. durch die Verbreitung rassistischer Computerspiele über das Internet aufgefallen ist.

Empty nesters – Paare, deren Kinder aus dem Haus gegangen sind.

Das Western Hemisphere Institute for Security Cooperation (WHISC oder Whinsec), die frühere School of the Americas (SOA), ursprünglich Escuela de las Americas, ist ein Trainingscamp der US Army im Fort Benning in Columbus (Georgia), USA. Das Trainingscamp und seine ursprünglich 1946 gegründete Vorgängerinstitution Escuela de las Americas wurden von mehr als 60 000 Lateinamerikanern durchlaufen. Zum Unterrichtsstoff, der von Menschenrechtsgruppen scharf kritisiert wird, gehören laut Washington Post Exekutionen, Erpressungen, Misshandlungen und Nötigungen, wie die US-amerikanische Geheimdienst-Überwachungsbehörde unter Präsident Bill Clinton 1996 eingestand.

Kiddusch, vom hebräischen Wort kadosch = heilig. Das Kiddusch ist ein jüdisches Segensgebet, zum Beispiel nach der Beschneidung oder vor dem Schabbatmahl.

Harvey Gallagher Cox, geboren 1929, wurde einem Millionenpublikum bekannt durch sein 1965 erschienenes Buch „Stadt ohne Gott?“ (The Secular City) in dem er die These vertrat, dass Gott in weltlichen Zusammenhängen nicht weniger gegenwärtig sei als in den institutionalisierten Kirchen. Der baptistische Professor der Theologie arbeitet an der Harvard University über Ökumenische Theologie, Befreiungstheologie und die Rolle des Christentums in Lateinamerika.

Die katholische feministische Theologin Elisabeth Schüssler Fiorenza (geboren 1938 in Tschanad, Rumänien, aufgewachsen im unterfränkischen Weilbach) lehrt seit 1970 in den USA: zunächst an der University of Notre Dame, von 1984 bis 1988 an der Episcopal Divinity School in Cambridge (Massachusetts). Seit 1988 hat sie die Krister-Stendahl-Professur an der Harvard University inne.

Margot Käßmann, geboren 1958, promovierte Theologin und ausgewiesene Ökumenikerin, von 1994 bis 1999 Generalsekretärin des Deutschen Evangelischen Kirchentages. Danach elf Jahre Bischöfin der Evangelisch-lutherischen Landeskirche Hannovers, von Oktober 2009 bis Februar 2010 Ratsvorsitzende der Evangelischen Kirche in Deutschland. Seit Januar 2011 hat Margot Käßmann die Max Imdahl-Gastprofessur der Ruhr-Universität Bochum inne.

Impressum

Bibliografische Information der Deutschen Bibliothek: Die Deutsche Bibliothek verzeichnet diese Publikation in der Deutschen Nationalbibliografie; detaillierte bibliografische Daten sind im Internet über http://dnb.ddb.de abrufbar.

Gestaltung und Satz: Lisa Keßler, Hansisches Druck- und Verlagshaus GmbH

Wir danken für die Mitarbeit: Uwe Birnstein, Judith Fuß, Lena Gerlach, Kristin Kamprad, Miriam Stude

Bildnachweis: Titelbild: Imke Lass; S. 20: Shin/epd; S. 21: Vino Wong, Shin/epd; S. 31: Imke Lass; S. 36: Archiv MK; S. 37: Kreisel-Liebermann, Archiv MK; S. 48: Shin/epd, Vino Wong; S. 54: Vino Wong; S. 62: Archiv MK; S. 63: Archiv MK; S. 75: Shin/epd (2); S. 87: Cindy M. Brown; S. 92: Cindy M. Brown; S. 102: Cindy M. Brown (2); S. 103: Cindy M. Brown; S. 111: Imke Lass; S. 116: Vino Wong; S. 117: Shin/epd (2); S. 126: Vino Wong; S. 136: Vino Wong; S. 142: Cindy M. Brown; S. 143: Archiv MK (3); S. 156: Vino Wong, Mathias Risse; S. 157: Kreisel-Liebermann; S. 162: Kreisel-Liebermann; S. 163: Kreisel-Liebermann

Druck und Bindung: DZA Druckerei zu Altenburg GmbH, 04600 Altenburg

Printed in Germany, ISBN 978-3-86921-062-9